年鉴

辽宁省博物馆

2022

辽宁省博物馆 　编

辽宁美术出版社

图书在版编目（CIP）数据

辽宁省博物馆年鉴.2022 / 辽宁省博物馆编. — 沈
阳：辽宁美术出版社，2024.4
ISBN 978-7-5314-9555-0

Ⅰ.①辽… Ⅱ.①辽… Ⅲ.①博物馆—辽宁—2022—
年鉴 Ⅳ.①G269.273.1-54

中国国家版本馆CIP数据核字（2023）第249213号

出 版 者：辽宁美术出版社

地　　址：沈阳市和平区民族北街29号　邮编：110001

发 行 者：辽宁美术出版社

印 刷 者：沈阳丰泽彩色包装印刷有限公司

开　　本：889mm×1194mm　1/16

印　　张：19.5

字　　数：350千字

出版时间：2024年4月第1版

印刷时间：2024年4月第1次印刷

责任编辑：王　楠

装帧设计：杨贺帆

责任校对：郝　刚

书　　号：ISBN 978-7-5314-9555-0

定　　价：238.00元

邮购部电话：024-83833008

E-mail：lnmscbs@163.com

http://www.lnmscbs.cn

图书如有印装质量问题请与出版部联系调换

出版部电话：024-23835227

目
录

2022年，党的二十大胜利召开，擘画了全面建设社会主义现代化国家、以中国式现代化全面推进中华民族伟大复兴的宏伟蓝图，吹响了奋进新征程的时代号角。

　　这一年，在习近平新时代中国特色社会主义思想的指引下，辽博深入学习贯彻党的二十大精神，围绕中心、服务大局，以奋发有为的精神推动博物馆事业发展，稳中有进、成效明显。辽博入选2021—2025年第一批全国科普教育基地，荣获"2022年省级文明旅游示范单位"称号，"唐宋八大家主题文物展"上榜新时代博物馆百大陈列展览精品名单，"三燕文化考古成果展"荣获第十九届全国博物馆十大陈列展览精品推介项目优胜奖，"中华传统文化系列教育展"入选2022年度"弘扬中华优秀传统文化、培育社会主义核心价值观"主题展览推介项目。

　　2022年是踔厉奋发的一年。我们深刻践行"两个结合"重要思想，策划举办"和合中国"展览，打造了建馆以来规模最大的现象级文化大展。展览被写入2023年省政府工作报告，荣列2022年度文博行业100个热门展览之一。以文物为媒，探寻历史文化遗产的当代表达，呈现时代气象。

　　2022年是实干笃行的一年。我们充分发挥博物馆文化中枢作用，用优质的文化产品供给提升服务效能，全年接待观众62.8万人次，推出临时展览16个。加强文明交流互鉴，在老挝万象举办"江山如画——辽宁省博物馆藏中国古代立轴山水画展"，引进"对望与凝视——东京富士美术馆藏西方绘画精选展"；全年完成讲解服务1288场，开展社教活动近300场，"汉字之旅"主题教育项目入选2022年度全国文博社教百强案例；用心打造"带回家"的博物馆，与中国邮政辽宁分公司合作推出《姑苏繁华图》特种邮票；全年研发文创产品近300种，入选全国文博百强文创产品单位。

2022年是同心筑梦的一年。我们深入推进文化志愿服务，全年开展志愿服务3900余场，服务时长4200余小时。"大美辽博——辽宁省博物馆志愿者历史文化宣讲团"获2022年度全国博物馆志愿服务典型案例。"流动博物馆志愿服务小分队"获2022年度全省学雷锋志愿服务"最佳志愿服务项目"称号。

2022年是砥砺深耕的一年。我们聚力核心功能，典藏学研取得新进展。全年征集文物资料111件/套，8件元代瓷器和一批珍贵邮票入藏辽博；开展文物保护修复、实验室考古等10个项目，全年保护修复馆藏文物72件/套；完成涉案文物鉴定工作70次，鉴定可移动物品92408件/套；申报国家课题1项，完成《和合中国》等30余本图书的编撰工作，撰写学术论文30余篇。

2022年是勇毅前行的一年。我们全面构建全媒体文化传播格局。新媒体发布内容300余篇，总阅读量超800万次；全年接待媒体175次，报道800余篇；推动智慧博物馆（一期）建设，推出全景线上数字展览9个，引进AR导览系统，拓展智慧化服务渠道。

2022年是朝乾夕惕的一年。我们认真落实新时代党的建设总要求，以学习宣传贯彻党的二十大精神为主线，持之以恒地推进全面从严治党，思想政治建设、党风廉政建设水平不断强化，意识形态管控能力逐步增强，基层党组织战斗堡垒作用进一步筑牢。我们统筹做好疫情防控和博物馆事业发展工作，办馆能力稳步提升。抓好疫情常态化防控要求，切实保障观众与员工的健康安全；实施馆舍改造项目，提升保障能力；压实主体责任，守牢安全红线，全年未发生安全责任事故；创新人才工作机制，加强干部队伍梯队建设和业务培训学习；加强财务制度建设，规范资金使用，提高管理工作效能。

这一年，我们看见展线上的策展者，也看见实验室默默耕耘的文保人；我们看见展厅的讲解员，也看见无处不在的辽博蓝；我们看见辽博一次又一次变成"打卡地"，也看见让它变得更好的幕后工作人员……身后的影，台前的光，看见是共情的起点，那些不舍昼夜的汗水与欢笑，绽放了辽博最美的芳华。

2023年是全面贯彻落实党的二十大精神的开局之年，也是实施"十四五"规划承上启下的关键一年。新征程的时代号角已经吹响，新一代的辽博人笃定信心、稳中求进，坚决贯彻落实总书记关于文物工作的重要论述和重要指示批示精神，完整、准确、全面地贯彻新发展理念，融入服务新发展格局，着力推动高质量发展。

点点星火，汇聚成炬。明天的我们，将一往无前、顽强拼搏，用奋斗创造奇迹！

辽宁省博物馆馆长　王筱雯

2022年12月31日

五代　董源　夏景山口待渡图　辽宁省博物馆藏

余冬春之交日至直盧多暇
為人作畫々奉庵涇先川之
命途中主山間宿霧頗有會
心愛墨戲樂後陸續而成忠率
戴夫者
乙酉和秋　麓臺祁

清　王原祁　山中早春图

一

2022年工作概述

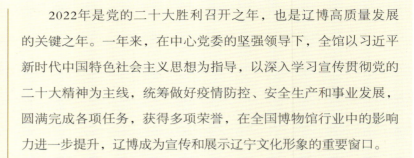

2022年是党的二十大胜利召开之年，也是辽博高质量发展的关键之年。一年来，在中心党委的坚强领导下，全馆以习近平新时代中国特色社会主义思想为指导，以深入学习宣传贯彻党的二十大精神为主线，统筹做好疫情防控、安全生产和事业发展，圆满完成各项任务，获得多项荣誉，在全国博物馆行业中的影响力进一步提升，辽博成为宣传和展示辽宁文化形象的重要窗口。

一、认真落实新时代党的建设总要求，以学习宣传贯彻党的二十大精神为主线，持之以恒地推进全面从严治党，党建工作质量稳步提升

深入学习宣传贯彻党的二十大精神是当前和今后一个时期的首要政治任务，辽宁省博物馆通过组织党员干部收听收看党的二十大开幕会现场直播、制作宣传板报、专题学习研讨等多种方式在全馆党员中开展多形式、分层次、全覆盖的学习培训，积极引导党员干部群众把思想和行动统一到党的二十大精神上来。

1. 加强意识形态领域风险排查和专项整治，意识形态管控能力明显提升。按季度开展意识形态分析研判，开展风险排查3次、专项整治1次。建立意识形态安全和文化安全风险台账清单，重点对意识形态相关制度落实、陈列展览、宣传出版、学术研讨、社教活动、志愿者服务、线上和线下文化服务等方面加强监管审查，全年未出现意识形态问题。

2. 坚持不懈地学习贯彻习近平新时代中国特色社会主义思想，思想政治工作取得新成效。馆党委理论学习中心组集中学习9次，开展庆祝中国共产主义青年团成立100周年活动，开展"传承雷锋精神　赓续红色血脉"主题活动，举办"雷锋精神永恒"主题党课；邀请残疾人到馆参观，以实际行动传承雷锋精神。组织开展庆"七一"主题活动，邀请中国医科大学附属盛京医院的老师讲授"让党旗飘扬在'战疫'一线"党课，开展重温入党誓词仪式；组织观看《悬崖之上》《我和我的父辈》《钢铁意志》等主旋律影片。

3. 认真贯彻新时代党的组织路线，发挥基层党组织战斗堡垒

作用。馆党委严守"三重一大"事项议事规则，集中讨论、集体决策，全年召开32次党委会，发挥了党组织参与决策的政治功能。2022年8月，辽宁省博物馆4个在职党支部任期已届满，根据有关规定，以部门为单位重新设置了9个在职党支部。组织新任职党支部书记、党务工作者共31人参加中心党委举办的培训班，提升其做好基层党建工作的能力和水平。

4. **抓好疫情防控，助力防疫有担当。**严格落实疫情防控要求，抓好疫情防控工作，组织党员干部积极下沉到社区开展志愿服务，助力疫情防控。尤其在下半年开展的机关党建工作服务基层社会治理工作中，连续20天共选派41名党员赴星河湾社区开展疫情防控工作，收到社区送来的锦旗和感谢信。

5. **以巡察工作为契机，强化正风肃纪，加强党的纪律建设。**开展廉政教育和警示教育活动，组织观看警示教育片2次，开展廉政风险自查和数据采集1次，完善馆中层干部廉政档案。锲而不舍地落实中央八项规定精神和省委实施细则，持续深化纠正"四风"。开展乡村振兴工作，春节前，馆党委书记带队到五龙村调研，走访慰问19户低保户。组织召开驻村干部座谈会，听取工作汇报。积极配合中心第二巡察组完成各项工作，并对发现的问题立行立改。

二、狠抓工作落实，全面提升领导能力和工作水平

1. **加强自身能力建设，提高管理工作水平。**按照抓好疫情常态化防控要求，切实保障观众与员工的健康和安全；加强制度建设，印发《财务管理工作规范》《政府采购业务内部控制办法》等；提高管理工作效能，坚持问题导向，强化项目制思维，全面提升了领导能力和工作水平，荣获"省公共文化服务中心2022年度先进集体"称号。

2. **常抓不懈促安全，多措并举强保障。**压实主体责任，守牢安全红线，全年未发生安全责任事故。制定了多个安全保障工作方案，确保展览开放安全、文物布/撤展和装修施工安全。

3.**创新人才工作机制，凝聚改革发展力量。**加强干部队伍梯队建设，启动中层干部聘任工作，提拔两名同志到中层干部正职岗位；加强业务培训学习，全年选派职工参加全国博物馆业务综合培训等线上培训13次，全馆共134人参加培训。

4.**实施馆舍改造项目，提升馆舍保障能力。**完成地下文物库房恒温恒湿改造项目；积极向省发改委、省财政争取1500余万元改造资金，完成文物保护区恒温恒湿系统建设项目、电力增容项目、安防监控改造项目；启动安全隐患整改项目，进一步提升馆舍保障能力。

5.**规范资金使用，预算执行能力进一步提升。**全年加强财务管理，规范资金使用，严格按照财务制度办事，预算执行能力得到提升。

三、抓实主责主业，办馆能力和水平显著提升

（一）坚持以人民为中心的办馆理念，公共文化服务效能明显提升

1.**持续打造精品展览，陈列展览工作卓有成效。**坚持党对文物事业的全面领导，坚守中华文化立场，加强文化遗产保护利用。于年初向社会公布展览计划，全年接待观众62.8万人次，推出全景线上数字展览9个，推出"和合中国""字·途——中华传统文化系列教育展""人·境——古代文人的园中雅趣""乐·土——辽宁古生物化石精品展""青花清韵——元青花瓷器展"等临时展览16个，特别是由国家文物局和省委宣传部主办，省文旅厅（省文物局）、省公共文化服务中心与本馆承办的"和合中国"展览，作为辽博有史以来举办的规模最大的现象级文化大展，展览一经推出，获得巨大社会反响，受到《人民日报》、新华社、央视、《光明日报》、《经济日报》等多家主流媒体争相报道，成为继"又见大唐""又见红山""唐宋八大家主题文物展""三燕文化考古成果展"后的又一个现象级大展，荣获第二十届全国博物馆十大陈列展览精品奖，被写入2023年省政府工作报告，入选2022年度文博行业100个热门展览。"唐宋

八大家主题文物展"上榜新时代博物馆百大陈列展览精品名单，"三燕文化考古成果展"荣获第十九届全国博物馆十大陈列展览精品推介项目优胜奖，"中华传统文化系列教育展"入选2022年度"弘扬中华优秀传统文化、培育社会主义核心价值观"主题展览推介项目。至此，辽宁省博物馆系列展览连续四年入围全国博物馆十大陈列展览精品推介活动，荣获精品奖2次、优胜奖2次，并连续五次入选"弘扬中华优秀传统文化、培育社会主义核心价值观"主题展览推介项目。辽宁省博物馆"构建展览叙事体系，用心用情用力讲好中国故事"项目入选文物事业高质量发展入围案例，"和合中国""江山如画——辽宁省博物馆藏中国古代立轴山水画展""人·境——古代文人的园中雅趣"三个展览上榜"十大热搜展览"。

2. **推进公共文化服务标准化建设，深入开展文化惠民活动。**辽博入选2021—2025年度第一批全国科普教育基地，荣获2022年省级文明旅游示范单位。全面推进辽宁省博物馆标准化试点的建设工作，召开辽博标准化体系发布实施大会，以较高成绩通过中期验收。积极策划组织"5·18国际博物馆日""文化和自然遗产日"活动。全年讲解展览1288场，开展"博雅教育"等特色活动16场。开展青少年教育活动242场，举办"辽博讲堂"17场，举办第八届暑期小讲解员培训班及夏令营各1期，推出线上视频课10门。流动文化服务送展到基层10余次、50余天，服务观众2万余人。"汉字之旅"主题教育项目入选2022年度全国文博社教百强案例。

3. **深入推进文化志愿服务。**全年志愿者累计讲解3900余场，服务时长4200多小时。荣获"喜迎二十大、强国复兴有我——青少年中华文物我来讲"优秀博物馆志愿服务推介项目；在2022年度全省学雷锋志愿服务"四最"先进典型宣传活动中，"流动博物馆"志愿服务小分队获"最佳志愿服务项目"；"志愿者历史文化宣讲团"入选2021年"春雨工程"全国示范性志愿服务项目，在国家文物局、中央文明办举办的2022年度全国博物馆志愿服务典型案例征集推介活动中，获"全国博物馆志愿服务典型案例"。

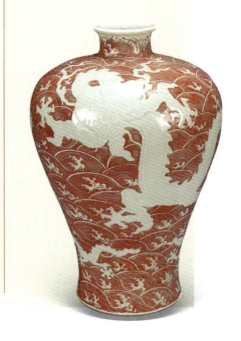

4. **加强文明交流互鉴，讲好中国故事、辽宁故事**。在老挝万象举办"江山如画——辽宁省博物馆藏中国古代立轴山水画展"；举办"对望与凝视——东京富士美术馆藏西方绘画精选展"。

5. **加大宣传力度，提升对外影响力**。围绕馆内重要工作完成各类宣传推介，官方微信公众号共发布各类文章319篇，官方微博总阅读量预计超过800万次。官网浏览量为67.1万人次，抖音、快手等新媒体平台浏览量21.3万人次。全年接待媒体175次，网络报道611篇，报纸报道80余篇，广播电视媒体报道60余条。积极为"学习强国"平台提供高质量稿件，在辽宁学习平台已刊登的相关稿件中，有152篇为本馆直接报送，"生肖文物展""乐·土""和合中国"等多个专题荣登"学习强国"中宣部主平台。

6. **推进信息化建设，助力文博服务再升级**。持续推动智慧博物馆各项建设，数字辽博于年底前上线运行。与文博智慧云公司签订AR眼镜合作协议，拓展博物馆智慧化服务渠道。

7. **加强文创工作**。与省邮政局合作，推出《姑苏繁华图》特种邮票；以展览为切入点，推出"和合中国"系列文创产品，受到观众好评。全年研发文创产品197个品类，287个种类。辽博入选全国文博百强文创产品单位行列。

（二）加强文物保护研究利用，文物研究阐释和展示传播水平进一步提升

1. **文物征藏取得新突破，文物保护再上新台阶**。规范库房管理，全年无文物安全事故发生。全年完成1.7万余件组藏品出/入库提用，在中心党委的重视下，文物征集费增加到800万元，全年征集文物资料111件/套，特别是通过积极与省公安厅、省文物局争取，8件元代瓷器和一批珍贵邮票入藏辽博，移普信息登账共完成9.2万条电子入库凭证的制作。

2. **科学合理规划，规范推进文物保护修复项目**。深入开展文物保护修复项目9项，"喀左县博物馆馆藏清代丝织品保护修复项目"荣获由中国文物学会、中国文物报社举办的"2022全国十佳文物藏品修复项目推介活动"中的"全国优秀文物藏品修复项

目"奖。开展"辽宁省朝阳市北塔博物馆馆藏壁画保护修复前期研究"科研项目，开展实验室考古1项，全年保护修复馆藏文物72件/套。

3. **严守文物进出境国门关，扎实开展文物鉴定工作。** 完成涉案文物鉴定工作70次，鉴定可移动物品92408件/套，确定二级文物2件/套，三级文物29件/套。鉴定不可移动地点36处，确定为古文化遗址、古墓葬34处。

4. **持续提升学术能力，科研工作实现新突破。** 完成省社科基金项目及集团科研课题6项的结项工作。申报国家课题1项，中心课题9项。完成《和合中国》等30余本图书的编撰工作，撰写学术论文30余篇。积极筹备"和合中国"展览学术研讨会，完成辽宁省辽金契丹女真史研究会的年检及换届的准备工作。

四、下一步工作计划

2023年是学习宣传贯彻党的二十大精神的开局之年，是落实省委全面振兴新突破三年行动的首战之年。全馆上下深入贯彻党的二十大精神，积极投身全面振兴新突破三年行动，围绕中国特色世界一流博物馆创建工作，重点开展以下工作。一是加强陈列展览工作，围绕馆藏文物、辽宁地域文化研究、非物质文化遗产及加强文明交流互鉴推出12个精品展览。二是提升公众文化服务水平，持续推进辽宁省博物馆标准化试点建设工作。促进馆校合作项目发展，充分发挥国家级研学实践基地的重要作用。三是加强文物征藏工作，深入推进文物整理研究工作。四是提高综合管理能力，加强工作制度建设，加强人才队伍建设，加强馆际业务交流与资源共享。五是开展智慧博物馆建设，不断强化与各级媒体的合作，开展多层次、全方位、立体化宣传推广活动。

落实好上述任务，关键在党的领导，关键在干部，关键在落实。全馆要始终注意发挥党组织和党员的政治性和先进性作用，旗帜鲜明地讲政治，以党建稳队伍、促发展；要始终坚持党管干部、党管人才原则，坚定不移地贯彻任人唯贤路线，注重从博物馆改革发展业绩突出的人员中选拔干部、选拔人才，把政治素质好、有担当、有作为、有业绩的干部和人才用起来；要切实把各项任务细化为"任务书""施工图"，构建起班子领导、部门齐抓共管、一级抓一级、层层抓落实的工作格局，奋力为辽博高质量发展，为助力文化强省建设贡献文博力量。

左图 三彩釉印花小床

二

党的建设

党建工作

2022年是党的二十大胜利召开之年，也是辽宁省博物馆高质量发展的关键之年。一年来，在中心党委的坚强领导下，馆党委认真落实新时代党的建设总要求，以迎接党的二十大胜利召开、深入学习宣传贯彻党的二十大精神为主线，以政治建设为统领，以巡察整改为契机，全面巩固党史学习教育成果，持之以恒地推进全面从严治党向纵深发展，党建工作质量稳步提升。

一、以党的政治建设为统领，深入学习宣传贯彻党的二十大精神

1. 认真贯彻落实意识形态责任制，意识形态管控能力明显提升。坚持把落实意识形态工作责任制摆在重要位置，加强意识形态领域风险排查和专项整治，按季度开展意识形态分析研判，开展风险排查3次、专项整治1次。建立意识形态安全和文化安全风险台账清单、志愿者意识形态安全风险台账清单，重点对意识形态相关制度落实、陈列展览、宣传出版、学术研讨、社教活动、志愿者服务、线上和线下文化服务等方面加强监管审查，全年未出现意识形态问题。

2. 深入学习宣传贯彻党的二十大精神，在全馆迅速掀起学习热潮。深入学习宣传贯彻党的二十大精神是当前和今后一个时期的首要政治任务，本馆制定了《辽宁省博物馆关于学习宣传贯彻党的二十大精神工作方案》，通过组织党员干部收听收看党的二十大开幕会现场直播、制作宣传板报、成立党委理论学习中心组、党支部"三会一课"、成立青年理论学习小组等多种方式开展学习研讨和宣讲，积极引导党员干部群众把思想和行动统一到党的二十大精神上来，为推动文化自信自强、铸就社会主义文化新辉煌贡献智慧和力量。

3. 压紧压实全面从严治党主体责任，党风廉政建设水平进一步提升。组织党员干部认真学习《习近平关于全面从严治党论述摘编》《党委（党组）落实全面从严治党主体责任规定》等，教

育引导党员干部，全面从严治党永远在路上，党的自我革命永远在路上，决不能有松劲歇脚、疲劳厌战的情绪。馆党委严守"三重一大"事项议事规则，集中讨论、集体决策，全年召开32次党委会，发挥了党组织参与决策的政治功能和组织功能。

4. 严格落实党委理论中心组学习制度，发挥领导干部的带头作用。制定《2022年辽宁省博物馆党委理论学习中心组学习计划》，深入学习宣传贯彻党的二十大精神，重点学习习近平总书记关于东北、辽宁振兴重要讲话精神和指示批示精神、习近平总书记关于传承中华优秀传统文化、关于中华文明探源等讲话精神。中心组成员围绕党的二十大报告提出的"推进文化自信自强，铸就社会主义文化新辉煌"，结合工作实际，就发挥"博物馆大学、殿堂和桥梁"等作用开展研讨，全年共开展集中学习10次。

5. 组织开展专题培训，提高党员干部的政治能力。认真落实《2019—2023年全国党员教育培训工作规划》，每名党员年度集中学习培训达到32学时。全体党员年度培训2208学时，人均32学时。每名党支部书记年度集中学习培训达到56学时，党支部书记年度集中学习培训224学时，人均56学时。在党支部重新划分调整后，馆党政群工作部副主任以如何做好基层党支部工作为主题，为党支部书记及支部委员开展培训1次。10月份组织31名专、兼职党务工作者参加中心党委举办的"基层党组织书记暨新任职党支部书记、党务工作者培训班"，增强了新任党支部书记、党务工

03

04

05

01 召开意识形态分析研判会议

02 "学习宣传贯彻党的二十大精神"宣传板报

03 召开馆党委会

04 召开馆党委理论学习中心组会议，开展集中学习

05 召开馆党委理论学习中心组（扩大）会议，开展集中学习研讨

作者的思想政治素质，夯实了理论基础，为做好基层党建工作打下了坚实基础且提供坚强的组织保证。

6. 助力防疫有担当，为民服务见成效。馆党委把疫情防控常态化作为政治任务来抓，在全力做好本馆疫情防控、履行文化服务职责的基础上，组织党员集中学习《沈阳市新冠肺炎疫情防控指挥部通告（第69号）》《沈阳市新冠肺炎疫情防控指挥部通告（第70号）》等相关文件精神。组织党员下沉到社区开展志愿服务，助力疫情防控。尤其在下半年开展的机关党建工作服务基层社会治理工作中，本馆连续20天共选派41名党员赴星河湾社区开展疫情防控工作，收到社区送来的锦旗和感谢信。此外，15名党员利用业余时间加入居住地社区志愿服务中，切实发挥了党员先锋模范作用。此外，本馆驻村干部李超同志连续两个多月坚守在防疫工作第一线，为五龙村的疫情防控工作提供了有力保障。

01

02

03

04

05

06 07 08

二、坚持不懈地用习近平新时代中国特色社会主义思想凝心铸魂，思想建设取得新成效

1. 围绕喜迎二十大开展主题鲜明、丰富多彩的活动。组织开展"喜迎二十大 强素质作表率"主题读书活动；在展厅和办公区建立两处"漂流书屋"，组织党员干部职工为"漂流书屋"捐书；组织开展庆"七一"主题活动，制作一期宣传板报，组织党员参观"奋进新时代辽宁创新发展成就展"；邀请中国医科大学附属盛京医院老师讲授"让党旗飘扬在'战疫'一线"党课，开展重温入党誓词仪式；组织观看《我和我的父辈》《钢铁意志》等主旋律影片。

2. 加强理论武装，用习近平新时代中国特色社会主义思想统一思想、统一意志、统一行动。制定并下发《每月党建工作安排表》，跟进学习党的创新理论和习近平总书记的最新讲话精神，深入学习贯彻落实十九届七中全会精神、习近平总书记在敦煌的讲话、给中国国家博物馆的老专家的回信、辽宁省第十三次党代会精神等。深入开展普法

09

10

工作，组织党员干部职工认真学习习近平法治思想、习近平总书记关于总体国家安全观、关于全面依法治国的重要论述精神等，进一步强化法律意识，提高法治素养。

3. 开展庆祝中国共产主义青年团成立100周年活动。组织党员干部、团员青年观看直播，组织理论中心组、党员、团员集中学习研讨习近平总书记在庆祝中国共产主义青年团成立100周年活动大会上的讲话精神。

4. **持续开展学雷锋活动，深化志愿服务。**开展"传承雷锋精神 赓续红色血脉"主题活动，制作一期宣传板报，邀请抚顺市委党校副教授到馆讲授题为"雷锋精神永恒"的主题党课；发挥本馆公共文化资源优势，邀请残疾人到馆参观，为特殊群体提供讲解等服务，以实际行动传承雷锋精神。持续推进"辽宁省博物馆学雷锋学郭明义示范岗"建设，打造志愿服务品牌，本馆流动文化服务送展到基层10余次，历时50余天，服务观众2万余人。"省博物馆志愿者历史文化宣讲团"入选2021年"春雨工程"全国示范性志愿服务项目，荣获"喜迎二十大 强国复兴有我——青少年中华文物我来讲"优秀博物馆志愿服务推介项目。

09

10

11

12

13

01 组织党员参观「奋进新时代辽宁创新发展成就展」

02 组织党员干部职工为「漂流书屋」捐书

03 认真落实「三会一课」，召开支部党员大会

04 认真落实「三会一课」，召开支委会

05 认真落实「三会一课」，党支部书记上党课

06 邀请中国医科大学附属盛京医院老师讲授「让党旗飘扬在『战疫』一线」党课

07 「学习雷锋好榜样 全心全意为人民服务」宣传板报

08 组织党员干部、团员青年观看庆祝中国共产主义青年团成立100周年大会直播

09 邀请抚顺市委党校副教授到馆讲授题为「雷锋精神永恒」的主题党课

10 组织团员集中学习研讨习近平总书记在庆祝中国共产主义青年团成立100周年大会上的重要讲话精神

11 邀请残疾人到馆参观，为特殊群体提供讲解等服务

12 在展厅设立「沈阳学雷锋志愿服务站」

13 在办公区设立「漂流书屋」

三、认真贯彻新时代党的组织路线，党建工作质量进一步提升

2022年底，全馆共有10个党支部（其中在职党支部9个、离退休党支部1个）；共有党员89人（其中在职党员65人、离退休党员24人）；党委委员7人。

1. 以部门为单位重新划分调整党支部，铸牢基层党组织战斗堡垒作用。2022年8月，本馆4个在职党支部任期已届满，根据《辽宁省省直机关党支部工作细则（试行）》"党支部一般应建在处室"的有关规定及中心党委的工作要求，以部门为单位重新设置了9个在职党支部。2022年12月离退休党支部完成换届工作。

2. 加强党员教育管理服务。2022年共转入1名党员，转出1名党员，1名退休党员去世。严格按照组织发展的规定和程序，新确定入党积极分子1名，预备党员转正1名；有2人向党组织递交了入党申请书。党员在每个月的党日主动交纳党费，全年党费合计18634元（其中在职党费15664元，离退休党费2970元）。加大对生活困难党员、老党员的关怀帮扶，春节和"七一"前夕，馆党委委员走访离退休困难党员李壮、邢宝库，并送去慰问金合计5500元。加强新时代退休干部党建工作，为退休党员购买《党的二十大报告辅导读本》等学习资料，选派1名退休党员参加中心党委学习宣传贯彻党的二十大精神座谈会。

3. 扎实推进"两学一做"学习教育常态化制度化，努力建设"一单位一特色，

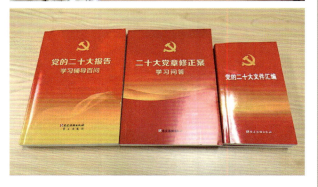

01 春节前夕，馆党委委员走访慰问离退休生活困难党员

02 "七一"前夕，馆党委委员走访慰问离退休生活困难党员

03 为党员发放《党的二十大报告学习辅导百问》等学习资料

04 党支部召开组织生活会，开展民主评议党员

一支部一品牌"。深入贯彻落实《中国共产党支部工作条例（试行）》，不折不扣地落实省直机关"两学一做"学习教育每个季度工作安排和中心党委每月党建工作安排，半年调度支部工作1次；严格党的组织生活，认真落实"三会一课"、主题党日、组织生活会、民主评议党员等组织生活制度。全年，各支部组织召开支委会12次以上、支部党员大会12次以上，组织上党课4次；开展党日活动12次，召开组织生活会1次，开展民主评议党员1次。每个支部根据业务工作特色建立支部品牌，紧紧围绕部门业务工作开展党建工作，在支部品牌建设、党建工作与业务工作紧密结合深度融合方面取得了新进展，向中心党委上报党支部优秀案例1次。

四、以巡察整改为契机，加强党风廉政建设，持续净化政治生态

1. 配合中心第二巡察组开展工作，持续做好巡察整改。组织召开中心巡察进驻辽博大会、反馈大会，配合巡察组完成谈话90余人次，提供上报材料40余份。根据中心巡察反馈意见，制定整改方案和整改清单，明确整改措施、主管领导、责任部门、完成时限等，以钉钉子精神抓好整改落实，以整改成效促进各项工作迈上新台阶。

2. 持续深化开展"党建+营商环境建设"。组织党员学习《辽宁省优化营商环境条例》《辽宁省纪委监委营商环境监督行动方案》，以"党建+营商环境建设"为主题开展主题党日活动和集中学习研讨，强化"营商环境就是我们自己"的理念，向中心纪委报送《关于优化营商环境工作情况月度报告》。全面推进全馆标准化试点的建设工作，召开了辽博标准化体系发布实施大会，以较高成绩通过中期验收，2022年，本馆荣获省级文明旅游示范单位。在为群众办实事方面取得了显著

成效，2022年举办12个展览，接待观众近30.1万人次，完成展览接待讲解任务870场，开展"博雅教育"等特色活动16场。开展青少年教育活动222场，举办第八届暑期小讲解员培训班及夏令营各1期，推出线上视频课10门。流动文化服务送展到基层10余次、50余天，服务观众2万余人。举办"辽博讲堂"17场，获得良好的社会反响；积极探索文创产品发展模式。销售研发方面，与2家文创企业签订合作协议，与3家文创企业续签合作协议，总入库数量3.6万余件，总销售额40余万元，配合全年展览研发197个品类，287个种类的文创产品。

3. 坚持"党建+高质量发展"，提升党建工作的硬实力和核心竞争力。坚持党对文物工作的全面领导，坚守中华文化立场，加强文化遗产保护利用。举办"和合中国"等现象级文化大展，通过以党建引领办展方向、以党建工作嵌入展览工作全过程等方式，通过党建工作促进了业务工作的提升。"唐宋八大家主题文物展"上榜新时代博物馆百大陈列展览精品名单，"三燕文化考古成果展"荣获第十九届全国博物馆十大陈列展览精品推介项目优胜奖，"字途——中华传统文化系列教育展"入选2022年度"弘扬中华优秀传统文化、培育社会主义核心价值观"主题展览推介项目，"浮世绘艺术展"海报入选中国文物交流中心中国博物馆海报设计年度百强作品，"江山如画——馆藏立轴山水画展""人·境——中国古代文人的园中雅趣""和合中国"三个展览上榜"十大热搜展览"。特别是"和合中国"展览以馆党委书记为策展人，策展团队基本为中共党员，将业务工作与党建工作相结合，充分发

01

02

03

01 召开省文化中心巡察进驻辽博大会

02 召开省文化中心巡察辽博反馈大会

03 开展流动博物馆送展活动

04 学术研究部、展览策划部党员正在加班布展，发挥党员先锋模范作用

05 以党建引领办展方向，举办「和合中国」现象级文化大展

06 春节前，馆党委书记带队到驻村干部所在的抚顺市新宾满族自治县五龙村调研

07 馆党委书记走访慰问五龙村村民，为他们送去米、面、油等生活必需品

08 召开驻村干部座谈会，听取驻村干部李超汇报工作情况

挥了基层党组织的战斗堡垒作用和党员的先锋模范作用。

4. 抓好乡村振兴工作。春节前，馆党委书记带队到驻村干部所在的抚顺市新宾满族自治县五龙村调研，走访慰问19户低保户，为他们送去米、面、油、牛奶等生活必需品。2022年7月15日组织召开驻村干部座谈会，听取李超同志汇报工作，积极支持驻村干部开展各项工作。

五、坚持以严的基调强化正风肃纪，加强党的纪律建设

1. 开展廉政教育和警示教育。组织党员干部认真学习党的十九届中央纪委六次全会精神、"算清酒驾醉驾成本账"的通知和家教家风故事，开展"以案说法、以案明纪"等警示教育活动4次，组织观看警示教育片3次，开展廉政风险自查和数据采集1次，馆领导班子召开党史学习教育专题民主生活会和"以案为鉴、以案促改、以案促治"专题民主生活会，达到了警示教育和以案促改的目的，对做好今

01

后工作奠定了基础。

　　2. 加强新时代廉洁文化建设。组织党员干部学习《关于加强新时代廉洁文化建设的意见》、习近平总书记关于党风廉政建设、廉洁文化建设的重要论述等，推选1名职工参加"清风辽宁"廉洁文化书画作品展，组织馆领导班子成员参观辽宁省反腐倡廉展览馆、大数据监督警示教育展示馆，教育引导党员干部增强不想腐的自觉，清清白白做人，干干净净做事。

　　3. 强化教育监督执纪问责。完善馆中层干部廉政档案，持续净化政治生态。对集团纪委移交问题线索进行核实，对巡察整改问题进行督办。馆纪委始终认真履行党内监督的职责，针对节日期间"四风"问题易发的重点部位，组织专项检查、明察暗访、随机抽查。经检查，节日期间没有违反有关纪律要求的情况。

02

董宝厚
辽宁省博物馆副馆长

03

04

反腐倡廉

『清风辽宁』

微电影微视频展播

01 组织党员观看警示教育片

02 在『清风辽宁』微电影微视频展播活动中，副馆长董宝厚讲解馆藏文物齐白石的《盗瓮图》

03 典藏部吴佳蔓的作品入选『清风辽宁』廉洁文化书画作品展

04 副馆长董宝厚参加『清风辽宁』微电影微视频展播活动

4. 持续深化纠治"四风"。认真落实中央八项规定及其实施细则，组织党员干部认真学习党章党规党纪。在"元旦、春节、'五一'、端午"等重要节日期间，传达、公示上级纪委有关纪律要求，组织党员认真学习中央纪委国家监委和省纪委监委近期关于违反中央八项规定精神典型案例的通报等，教育引导广大党员干部过节不忘责任、过节不忘防控、过节不忘纪律，加强对当前疫情防控和反腐败斗争以及全面从严治党严峻复杂形势的理解和认识。规范固定公务用车管理，规范办公用房，厉行勤俭节约，目前均符合相关规定。

六、加强党对统战群团工作的领导，凝心聚力促发展

馆党委注重加强对统战、工会、共青团、妇女组织的领导，积极支持他们依照各自章程独立负责地开展工作。目前，本馆有民主党派2人、无党派人士2人；工会委员13人，工会会员170人；团委委员4人，团员3人，40周岁以下青年74人。

1. 以建设"职工之家"为龙头，以学习宣传贯彻党的二十大精神为重点，加强工会组织建设。组织职工参加中心工会举办的"喜迎二十大 奋进新时代"主题美术、书法、摄影作品展；组织职工参加"传承历史、振兴辽宁"征文、短视频征集活动，本馆职工樊荣撰写的《玫瑰盛开香飘辽博内外、志愿风险精神永不褪色》获二等奖、《讲好辽宁故事，我与辽博共成长》获征文比赛优秀奖；组织全馆职工参观辽宁省科学技术馆，并观看巨幕电影《与恐龙同行》；"三八"妇女节组织全馆女职工开展插花、花艺学习活动，并为女职工购买鲜花。馆工会联合公共服务部组织馆内职工的孩子一起来博物馆参加"神奇的造纸术"活动，培养孩子设计制作能力和动手能力。做好节日期间的慰问品发放工作，开展在职会员大病关爱慰问、困难帮扶等工作，推动送温暖常态化、制度

01

02

化，全年帮扶职工13人次，切实为职工办实
事、办好事。

**2. 着力增强共青团组织的政治性，加强团
组织建设。**组织开展庆祝中国共产主义青年团
成立100周年学习研讨活动；认真贯彻落实团
省委《关于辽宁共青团认真学习宣传贯彻党的
二十大精神工作方案的通知》的精神要求，组
织召开专题学习研讨会；组织开展"我弘扬、
我传承、我践行——学习雷锋精神"主题团日
活动，线上观看芭蕾舞蹈组诗《榜样》，组织
团员青年走进鞍山市朝鲜族文化艺术馆、浑南

辽宁省直属机关"强国复兴有我"
主题征文比赛部分获奖名单

《于平凡中创非凡》 刘 若 省广播电视局宣传管理处二级主
任科员
《因为有梦》 于 琼 辽宁广播电视台广播新闻部记者
《讲好辽宁故事，我与辽博共成长》 繁 荣 省公共文化服务
中心省博物馆公共服务部副研究员，辽博志愿者团队负责人

区白塔小学等，参与流动文化服务送展活动。制作"弘扬五四精神　铸就青春辉煌"宣传板报，开展"高举'五四'火炬　争当时代先锋"团课；推进"智慧团建"系统的建设。通过开展以上活动，进一步提升团员青年思想政治素质，发挥共青团生力军和突击队作用。

　　3.扎实做好统战工作。组织召开统战工作座谈会1次，积极征求馆民主党派、无党派人士对省文化中心高质量发展的意见和建议。组织党外人士学习党的二十大报告，积极参加"学习贯彻二十大·云诵读"视频展播活动，结合工作实际向党外人士开展二十大宣讲活动1次。

01 组织全馆职工参观辽宁省科学技术馆，并观看巨幕电影《与恐龙同行》

02 组织开展庆祝中国共产主义青年团成立100周年学习研讨活动

03 公共服务部樊荣撰写的《讲好辽宁故事，我与辽博共成长》获辽宁省直属机关『强国复兴有我』主题征文比赛优秀奖

04 组织团员青年送展走进鞍山市朝鲜族文化艺术馆

05 组织团员青年送展走进沈阳市浑南区白塔小学

06 召开统战工作座谈会，积极征求馆民主党派、无党派人士的意见和建议

工会工作

2022年，在省文化中心工会和省博物馆党委的领导下，本馆工会认真贯彻落实《中华人民共和国工会法》《中国工会章程》，全心全意为职工服务，紧紧围绕全馆重点工作加强工会组织建设，维护职工合法权益，注重加强对职工的政治引领和思想教育，工会组织更加充满活力、更加坚强有力。

认真落实《辽宁省基层工会经费收支管理办法实施细则》，加强和规范我馆工会经费收支管理，无违规违纪情况发生。一是按照省直机关工委下发的《关于开展2022年省直机关工会经费使用情况检查工作的通知》要求，对本馆2021年以来工会经费使用情况进行自查，形成自查整改工作报告，同时填报2021—2022年工会经费使用情况检查表。二是按照《辽宁省工会预算管理实施细则》的要求，做好工会2021年度决算和2022年度预算编制管理工作以及工会预算执行情况、经费收缴情况和专项补助

01 组织馆内职工参加中心工会举办的『喜迎二十大　奋进新时代』主题美术、书法、摄影作品展
02 组织全馆员工观看《钢铁意志》影片
03 组织职工参加『传承历史、振兴辽宁』征文、短视频征集活动并获奖
04 『三八』妇女节，组织全馆女职工开展插花、花艺学习活动

01

02

资金使用情况自查工作。同时按照省直机关工会会计核算软件使用要求，完成新旧会计制度衔接工作，启用新的软件并按要求补记固定资产折旧。三是将省直机关工委拨付的疫情经费及时用在抗疫防疫工作中。四是及时准确地在网上填报辽宁省工会统计年报调查表。

加强工会组织建设，做好会员的发展、接收、教育和会籍管理工作。在省直机关工委平台上为新进职工建立电子信息，组织工会干部学习《中华人民共和国工会法》《中华人民共和国劳动法》等法律法规，加强工会干部政治意识、创新意识、群众意识、责任意识和服务意识。开展合理化建议活动，组织职工代表为辽宁省博物馆高质量发展提建议、找对策、出点子。

以建设"职工之家"为龙头开展丰富多彩的活动，增强职工的向心力和凝聚力。为迎接党的二十大胜利召开，馆工会组织精心安排、组织开展了形式多样的活动。一是组织全馆职工在多功能报告厅观看影片《钢铁意志》。二是积极组织馆内职工参加中心工会举办的"喜迎二十大　奋进新时代"主题美术、书法、摄影作品展。三是组织职工参加"传承历史、振兴辽宁"征文、短视频征集活动，本馆樊荣同志撰写的《讲好辽宁故事，我与辽博共成长》获征文比赛优秀奖、《玫瑰盛开香飘辽博内外、志愿风险精神永不褪色》获二等奖。四是联合公共服务部开展"神奇的造纸术"活动，邀请馆内职工的孩子到辽博参加活动，了解造纸术是我国古代的四大发明之一，认识纸的特性和用途，通过体验造纸，培养孩子设计制作能力和动手能力。

做好节日期间的慰问品发放工作，让职工充分感受工会组织的温暖和关怀。一是按照省直机关工委要求，继续开展在职会员大病关爱慰问、困难帮扶等工作，推动送温暖常态化、制度化，全年帮扶

职工13人次。二是认真做好春节、"五一"劳动节、端午节、"八一"建军节、"十一"国庆节等节日期间职工慰问品、职工福利的发放工作，维护职工的具体利益，将组织温暖送到职工心坎，进一步增强了工会的吸引力、凝聚力、战斗力。

通过开展以上活动，团结引导全馆干部职工群众听党话、跟党走，认真学习贯彻习近平新时代中国特色社会主义思想，加强学习，提升本领，以更加饱满的热情投身到本职工作中，营造了团结和谐的良好工作氛围，为辽宁省博物馆事业高质量发展贡献智慧和力量。

团委工作

2022年，在上级党、团组织的坚强领导下，辽博团委以庆祝党的二十大胜利召开、庆祝中国共产主义青年团成立100周年为重点，深化团组织自身建设，团结带领本馆团员青年积极主动、认真全面地开展团的各项工作，团组织的号召力、凝聚力和战斗力得到进一步增强。

一、以学习宣传贯彻党的二十大精神和庆祝中国共产主义青年团成立100周年为重点，筑牢团员青年信仰根基

1. 认真学习宣传贯彻党的二十大精神。10月16日，团员青年积极收看了党的二十大胜利召开现场直播盛况；11月3日，组织团员青年认真贯彻落实团省委《关于辽宁共青团认真学习宣传贯彻党的二十大精神工作方案的通知》的精神要求，召开认真学习宣传贯彻党的二十大精神专题学习研讨会。会上对党的二十大报告进行了全面回顾学习，并结合本馆文化服务窗口工作实际，对党的二十大报告中"过去五年的工作和新时代十年的伟大变革""推进文化自信自强，铸就社会主义文化新辉煌"进行了重点学习。报告中，总书记对青年的寄语和希望引起团员青年的热烈反响，展开深入的研讨交流。大家纷纷表示，作为新时代的中国青年和文化战线工作者，要不断深入学习宣传贯彻党的二十大精神，并与贯彻习近平总书记关于东北、辽宁振兴发展的重要讲话和指示批示精神结合起来，立足本职，踔厉奋发，

01 馆工会联合公共服务部共同开展『神奇的造纸术』活动，邀请馆内职工子女到馆参加活动
02 组织全馆职工参观辽宁省科技馆，并观看巨幕电影《与恐龙同行》
03 召开认真学习宣传贯彻党的二十大精神专题学习研讨会
04 召开『深入学习宣传贯彻习近平总书记在庆祝中国共产主义青年团成立100周年大会上重要讲话精神』学习研讨会

在新时代东北振兴上展现担当和作为，让青春在全面建设社会主义现代化国家的火热实践中绽放绚丽之花；11月24日，团员青年积极参加了馆党委组织开展的党的二十大精神宣讲活动。

2. 积极组织团员青年收看庆祝中国共产主义青年团成立100周年大会，参加共青团中央"深入学习宣传贯彻习近平总书记在庆祝中国共产主义青年团成立100周年大会上的重要讲话精神"直播网络云团课，并召开"深入学习宣传贯彻习近平总书记在庆祝中国共产主义青年团成立100周年大会上的重要讲话精神"学习研讨会。引导团员青年从活动中不断汲取力量，深入学习宣传贯彻习近平总书记的重要论述和讲话精神。

3. 开展主题团日活动。为深入开展"新时代的伟大成就"学习，激励广大青年团员在实现中华民族伟大复兴中国梦的新征程上勇毅前行，馆团委委员与公共文化服务部团支部于9月22日组织开展了学习习近平总书记"论党的青年工作"主题团日活动。

二、强基础、重成效，抓好团组织自身建设

认真完成团委2022年工作计划的制订、年度工作总结、团委书记述职评议、团内基本情况统计汇总、团费的收缴、使用和管理、自查等日常工作；在规范各项组织工作流程的基础上确保"三会一课"制度健全，实施具体；持续推进"智慧团建"系统的管理和建设。

三、创新载体，多措并举，开展学雷锋活动和五四青年节活动

1. 3月是学习雷锋活动月，为深入贯彻落实习近平总书记关于弘扬雷锋精神的重要指示精神，团委组织团员青年开展"我弘扬、我传承、我践行"学习雷锋精神系列活动。一是组织召开学习雷锋精神专题团会；二是组织团员青年积极参加"雷锋精神与中国共产党精神谱系"雷锋精神永恒主题团课；三是在线上认真观看以弘扬雷锋精神为主题的芭蕾舞组诗《榜样》；四是走进鞍山市朝鲜族文化艺术馆参与本馆流动文化服务送展活动，以实际行动传承和践行新时代雷锋精神。

05 『党的青年运动史』学习专题团课

04 板报 制作『弘扬五四精神 铸就青春辉煌——高举「五四」火炬 争当时代先锋』宣传

03 走进鞍山，参与流动文化服务送展活动

02 召开『我弘扬、我传承、我践行』学习雷锋精神专题团会

01 开展学习近平总书记『论党的青年工作』主题团日活动

2. 为隆重纪念五四运动103周年，团委制作了"弘扬五四精神　铸就青春辉煌——高举'五四'火炬　争当时代先锋"宣传板报。4月25日以"高举'五四'火炬　争当时代先锋"团课为载体，开展了党的青年运动史专题学习。团员青年表示，要不断练就过硬本领、锤炼品德修为，以奋斗擦亮青春的底色，用担当书写人生价值，以实际行动迎接党的二十大胜利召开。

四、凝聚青年，求真务实，在服务本馆中心工作方面发挥生力军与突击队作用

1. 在馆党委的指导下，团员青年积极参与本馆开展的"5·18国际博物馆日"和"文化和自然遗产日"以及重大展览的宣传活动。

2. 6月28日，组织团员青年走进浑南区白塔小学参与流动文化服务"虎虎生福——新春生肖文物（图片）联展"送展活动。

3. 积极响应中心和馆党委的号召，组织动员团员青年踊跃参与捐书活动，为本馆"漂流书屋"的建立贡献力量。

五、积极做好各项"创优、推优"工作

认真贯彻落实省直机关工委开展的"评选表彰2021年度辽宁省直属机关五四红旗团委、优秀共青团干部、优秀共青团员、青年五四奖章"评优、推选工作。

01

02

03

03　02　01
团员青年走进浑南区白塔小学参与送展进校园活动　团员青年协助布置流动展览　团员青年参与『5·18国际博物馆日』宣传活动

三

公共服务

陈列展览

展览一览表

序号	展览名称	展览时间	展览地点
1	多彩的图像——浮世绘艺术展	2021年10月22日至2022年1月2日	一层1号展厅
2	知·味——两汉魏晋时期辽宁地区的饮食文化	2021年12月22日至2022年5月22日	一层5号展厅
3	江口沉银——四川彭山江口明末古战场遗址考古成果展	2021年12月26日至2022年4月5日	一层3号展厅
4	墨影镌英——辽宁省博物馆藏金石拓本展	2021年12月28日至2022年4月26日	三层21号展厅
5	江山如画——辽宁省博物馆藏中国古代立轴山水画展	2022年1月7日至2022年4月10日	三层20号展厅
6	虎虎生威——壬寅虎年新春生肖文物展	2022年1月25日至2022年4月24日	三层22号展厅
7	和合中国	2022年10月28日至2023年1月28日	三层20、21、22号展厅
8	逐梦冬奥——冬景绘画暨体育文物特展	2022年1月29日至2022年3月27日	一层1号展厅
9	字途——中华传统文化系列教育展	2022年5月31日至2022年8月31日	一层3号展厅
10	精艺传承夺天工——辽宁省非物质文化遗产雕刻技艺专题展	2022年6月11日至2022年9月11日	一层2号展厅
11	华·彩——辽宁省博物馆藏珐琅器专题展	2022年7月31日至2022年10月30日	一层5号展厅
12	人·境——古代文人的园中雅趣	2022年8月27日至2022年11月6日	一层1号展厅
13	乐·土——辽宁古生物化石精品展	2022年10月25日至2023年5月3日	一层3号展厅
14	青花清韵——元青花瓷器展	2022年12月8日至2023年7月23日	一层4号展厅
15	大美长城——长城（辽宁段）风光摄影图片展	2022年12月20日至2023年3月20日	一层大厅
16	对望与凝视——东京富士美术馆藏西方绘画精选展	2022年12月27日至2023年4月5日	一层2号展厅

1. 多彩的图像——浮世绘艺术展

展览时间：2021年10月22日至2022年1月2日

展览地点：一层1号展厅

展览内容：

浮世绘，是发轫于日本江户时期的一种描绘市井生活、人物百态、自然风景，迎合大众审美趣味的绘画样式，以其丰富的配色和独特的技法著称于世。浮世绘与中国版画技艺和传统文化的交融互鉴，为亚洲艺术宝库增添了独特风采。本次展览集中了日本浅井收藏、中国李可染画院、湖北省博物馆、辽宁省图书馆和辽宁省博物馆的170余件/套藏品，旨在聚焦中国明清版画、刊刻本古籍与日本浮世绘版画的历史渊源，展现日本江户时期的城市风貌、社会生活和审美趣味，进而在追访中日交流与影响的文化史迹的同时，寻觅欧亚大陆之间更远途的图像沟通，探寻不同文化的对话空间，以及我们对自然与人生的探索。

01 夕立 铃木春信 日本江户时代（1603—1867） 李可染画院藏

02 富岳三十六景 神奈川冲浪里 葛饰北斋 日本天保三年（1832） 日本浅井收藏

01

02

前 言

浮世绘，是发端于日本江户时期的一种描绘市井生活、人物百态自然风景、迎合大众审美趣味的彩色版画作品，以其丰富的配色和独特的技法享誉于世。它由日本绘画发展而来，既受到日本本土大和绘（日本早期宫廷绘画）的民族绘画，代表贵族和武士阶级的审美趣味）的影响，也从中国绘画吸取了许多养分，后期还融入了西方方位的透视技法。由于其题材描绘反映现实生活和思想情感，表现了人们对热闹的市进与对现实精神的观察，因此成为日本文化的象征之一。

"文明因多样而交流，国交因互鉴而发展。"中国与日本是隔海相望的邻邦。一衣带水的邻邦，文化艺术上的交融悠久，绵延千年，数百年来，浮世绘在吸取外来艺术中汲取了许多的色彩与手法。它与中国版画技艺和传统文化的交融最为，与亚洲艺术宝库增添了独特风采。始自日本参展1867年巴黎世博会，1873年维也纳世博会等机缘，浮世绘走进世界大众视野并对欧洲美术界产生重大影响，自身客吸收外来文化而丰富现代的世界性，为东西方文化的持续交流和互鉴发展起到了推动作用。

本次展展集中了日本版画收藏，中国季可染博物、湖北省博物馆、辽宁省图书馆和辽宁省博物馆的170余件藏品展，以及辽宁地区明藏画。判据本古籍为日本浮世绘的原文图画，展现日本江户时期的城市风貌，社会生活和审美趣味，通过在近现代日本经与影响的文化变迁的同时，于是近亲交大陆之间相差观现明国象用相通，谱写不同文化的对话篇，以及我们对自然与人生的不断探索。

2. 知·味——两汉魏晋时期辽宁地区的饮食文化

展览时间: 2021年12月22日至2022年5月22日

展出地点: 一层5号展厅

展览内容:

　　民以食为天,我国古代饮食文化源远流长。作为中国饮食文化史的重要阶段,两汉魏晋时期是人们追求烹饪技术、饮食文化逐步走向多元的起点。此次展览从两汉魏晋时期辽宁地区饮食结构、饮食方式、饮食餐具的多样性等方面作为切入点,将辽宁地区的相关考古出土文物整理出来,通过这种独特的形式展现辽宁地区独特的饮食文化、地域文化。展览分为"寻遍珍馐""炮制佳肴""啖味美器"三个单元,共展出文物95件/组,同时辅以丰富的图文资料、生动的看板故事、有趣的知识讲解,全面系统地为观众解读两汉魏晋时期辽宁地区的饮食文化。通过展览,人们可以了解丰富的饮食结构与食材,科学而多样的饮食方式,延续至今的用餐礼仪,而两汉魏晋时期的辽宁人在生活的点滴之中为世人展现了当时饮食文化面貌,也为人们了解"有滋有味"的辽宁增添了别样的"味道"。

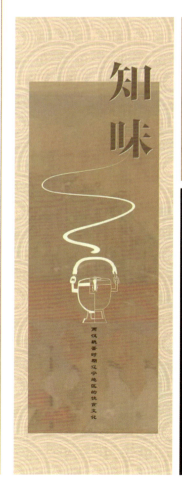

01、02 『知·味——两汉魏晋时期辽宁
地区的饮食文化』展览海报
03～11 『知·味——两汉魏晋时期辽宁
地区的饮食文化』展览现场

04

05

06

07

08　09

10

11

01~06　『知·味——两汉魏晋时期辽宁地区的饮食文化』展览现场

07　『江口沉银——四川彭山江口明末古战场遗址考古成果展』海报

08　虎纽『永昌大元帅』金印　明崇祯十六年（1643）

09　『江口沉银——四川彭山江口明末古战场遗址考古成果展』展厅

3.江口沉银——四川彭山江口明末古战场遗址考古成果展

展览时间：2021年12月26日至2022年4月5日

展览地点：一层3号展厅

展览内容：

四川彭山江口明末古战场遗址位于四川省眉山市彭山区江口古镇岷江河道内，是明末农民军领袖张献忠与南明将领杨展于1646年发生江口之战的古代战场遗址。作为一次与特定时代、特定事件和特定人物直接对应的考古发现，该遗址不仅破解了"江口沉银"的历史之谜，也是中国考古工作者运用新方法、新科技在内水区域开展围堰考古发掘的全新尝试。2017—2021年的四次考古发掘，共发掘出水文物50000余件，包括诸多与张献忠大西政权、古代战场，以及明代中晚期历史相关的文物，是明清史研究领域的重大考古发现，入选"2017年度全国十大考古新发现"和全国"百年百大考古发现"，具有极为重要的历史价值。

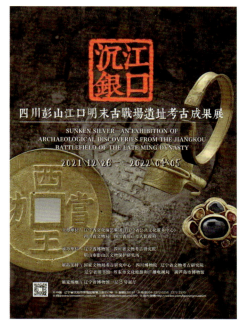

4. 墨影镌英——辽宁省博物馆藏金石拓本展

展览时间：2021年12月28日至2022年4月26日

展览地点：三层21号展厅

展览内容：

　　拓本又称拓片，以墨拓之法将金石古物的文字或图像转印至纸上而成，可以装裱成各种形式。辽宁省博物馆收藏历代金石拓本数万份，不乏精稀之品，亦多名家鉴藏之本。

　　展览展出文物70件/套，分"吉金留影""乐石传真""法帖风神""博古集英"四个单元，"青铜器海内三宝"西周大盂鼎、大克鼎、毛公鼎全形及铭文拓本，"石刻始祖"战国石鼓文清初善拓本，唐颜真卿书东方朔画像赞宋拓最善本，隋开皇兰亭序宋拓本、"东北第一古碑"好大王碑精拓本，以及"全形拓"代表作《六舟和尚剔灯图》等皆有呈现，观众在欣赏中华古刻善拓之美的同时，也能领略传统传拓艺术之妙。

01 吴大澂藏秦石铜权全形初拓本
02、03 『墨影镌英——辽宁省博物馆藏金石拓本展』展厅一角

01

02

5. 江山如画——辽宁省博物馆藏中国古代立轴山水画展

展览时间：2022年1月7日至2022年4月10日

展览地点：三层20号展厅

展览内容：

　　从《论语》中"知者乐水，仁者乐山"开始，中国人对山水寄予了丰富的情感。山水之乐，是平淡天真的雅逸情致；山水之乐，是人们心灵中对桃花源的向往；山水之乐，是"天人合一"的冷静直观。古人以诗言志，却在画中流露真性情，所以山水画成为中国传统文化思想精髓的重要艺术载体。中国山水画自五代宋初成熟完善以来，也逐步成为中国画的最主要宗脉。立轴山水画不同于手卷山水画逐段展开的欣赏方式，观者面对立轴画面会豁然开阔，在纵观全景之下，随着视线"穿游"于各色景致之间，"不下堂筵，坐穷泉壑，猿声鸟啼，依约在耳，山光水色，滉漾夺目"，身临其境般地在山水画的世界中感受生命的和谐畅达。

　　辽宁省博物馆丰富的古代绘画藏品是辽宁文化底蕴的重要组成部分，展览择选馆藏精品古代立轴山水画70件，展示古代立轴山水画的独特艺术内涵和魅力。通过展览，人们共同感知山水是生命共同体的重要组成部分，进一步体会中华民族"天人合一"的自然观、宇宙观。愿广大观众看到的不只是传统山水画，还有绵延的文化源流。

明 文徵明 古木寒泉图

宋 范宽 溪山行旅图

展厅局部

6. 虎虎生威——壬寅虎年新春生肖文物展

展览时间：2022年1月25日至2022年4月24日

展览地点：三层22号展厅

展览内容：

　　生肖文化是一种具有中华民族特色的民俗文化形态，是中华民族探索自然、记录历史、安排生活的基础元素。春节期间推出生肖文物题材的专题展览，正日益成为传承、弘扬中华优秀传统文化的一项重要举措。

　　自乙未羊年开始，辽宁省博物馆每年春节前夕都会推出生肖文物展，至今已八个年头。2022年恰逢壬寅虎年，关于虎，人们在历代传承中编织出许多动人的故事和传说，形成了各式各样的生肖习俗和极具特色的虎文化，留下了丰富的文物遗存。值此新春佳节来临之际，辽宁省博物馆遴选与虎有关的文物百余件，展品包含从商代到现代虎文化题材的绘画、铜器、玉器、陶瓷器、金银器、织绣、货币等多个类别，与辽宁省文化遗产保护中心提供的相关展品一同为观众呈现，让观众更直观地感受虎的威严与勇猛，感受中华文化的博大精深。

01　辽　虎形瓷枕
02　战国　安国侯铜虎符
03　战国　虎形铜具
04~09　展厅局部

01

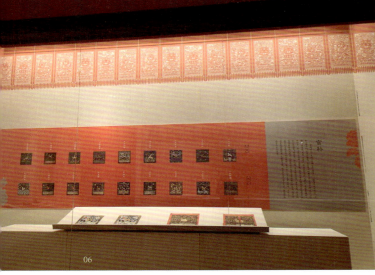

7. 和合中国

展览时间：2022年10月8日至2023年1月28日

展览地点：三层20、21、22号展厅

展览内容：

此次展览由国家文物局与中共辽宁省委宣传部共同主办，辽宁省文化和旅游厅（辽宁省文物局）、辽宁省公共文化服务中心、辽宁省博物馆承办，山西博物院、吉林省博物院、南京博物院、河南省文物考古研究院、湖南博物院、陕西历史博物馆（陕西省文物交流中心）、甘肃省博物馆、宁夏回族自治区博物馆、新疆维吾尔自治区博物馆、辽宁省文物考古研究院、辽宁省图书馆等国内22家单位协办，展期三个多月。此次展览分"天人合一""人心和善""和而不同""协和万邦"四个部分。展览共汇集"和合"文化有关文物、古籍402件/组（436单件），其中一级文物88件/组，在辽宁省首次展出的文物197件/组，外借文物121件/组（177单件）。展览综合运用彩陶、青铜器、瓷器、丝绣、书法、绘画、古籍、碑刻拓片等各类文物，以各自的时代和文化背景分别阐释主题，标示指向。对此，刘宁表示："我们借助一件件传世重器、一幅幅精品书画、一部部缥缃翰墨，在宏观历史脉络中，通过文物之美解读'和合'文化，以丰富的图片文字链接、数字化场景营造、展厅氛围渲染、网红打卡地设计、互动体验等多样化、高科技的展陈手段为依托，体现了'和合'文化在中国源远流长的历史及蕴含的中国智慧，并观照当下，凸显了'和合'思想对现在及未来的借鉴和启迪。"

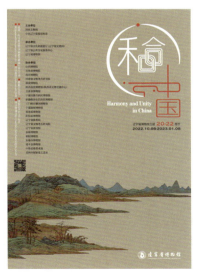

Harmony and Unity in China

01~16 展览现场

8. 逐梦冬奥——冬景绘画暨体育文物特展

展览时间：2022年1月29日至2022年3月27日

展览地点：一层1号展厅

展览内容：

中国绘画艺术品类丰富，冬景绘画为其重要组成部分之一。冬季的山峦白雪皑皑，寒林劲挺；"岁寒三友"傲雪挺立，迎霜绽放；岁暮天寒之际，万籁俱寂，群鸟蛰伏，惹人怜爱。自古以来，有关冬天的山川、花卉、禽鸟等都是骚人墨客歌咏唱诵的对象，而历代画家也用饱满的笔墨挥就了一幅幅深情的画卷。

中国古代体育文化源远流长，在中国历史发展进程中有着特殊的价值。古代体育活动如打马球、射箭、狩猎、马术、棋类等，有的延续至今，有的也被其他的形式所取代，其文物遗存是我们理解古代体育文化形态的重要实物依据，也是加深对中国传统文化遗产及其内涵认识的重要途径。

2022年，我们迎来了举世瞩目的北京冬奥会。北京冬奥会和冬残奥会是我国重要历史节点的重大标志性活动，也是展现国家形象、促进国家发展、振奋民族精神的重要契机。文化是北京冬奥会的重要组成部分。为此，辽宁省博物馆联合沈阳故宫博物院推出本次展览，旨在推动文化遗产与冬奥赛事有机结合，传播中华文明，助力北京冬奥。

01～05 『和合中国』展览现场
06 『逐梦冬奥——冬景绘画暨体育文物特展』展出文物
07、08 『逐梦冬奥——冬景绘画暨体育文物特展』展览现场

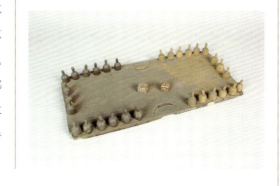

9. 字途——中华传统文化系列教育展

展览时间：2022年5月31日至2022年8月31日

展览地点：一层3号展厅

展览内容：

"字途——中华传统文化系列教育展"是以汉字及汉字载体变迁发展为主题的青少年特色主题展览，入选2022年度"弘扬中华优秀传统文化、培育社会主义核心价值观"主题展览推介项目。

展览面向青少年打造，内容兼具教育性与趣味性，向青少年观众传播汉字文化、展现汉字之美。不同于以往一些文物展"用物说事"的方式，"字途"教育展以汉字的演变历史为主线，将甲骨、簋、爵、虎符、铜权、封泥、瓦当、汉砖、碑帖拓片等各类文物嵌入整个展览中，实现了"由字及物"。不仅如此，甲骨文、金文、小篆、隶书、楷书、草书、行书等绵延几千年的汉字发展流变历史也按照时间轴线在整个展览中得到充分展现。尤为引人瞩目的是，展览将观展与互动进行了有机融合。在展厅现场不仅摆放了三维针雕墙，孩子们用身体或手掌就能书写汉字，而且还以"仓颉造字"为主题制作了动画短视频，让孩子们轻松地了解这段历史，既有实物教育，也有情景教育，充分体现了"展教合一"的办展理念。

01

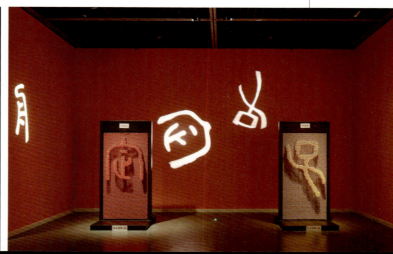

展陈形式推陈出新，整个展览设计采取明信片式造型。明信片正面，是展柜中的文物；明信片背面，是墙壁上的展板。将文物展柜打造成一张张展示文物的精美"明信片"，仿佛通过"明信片"把凝聚时光、记录文明的千言万语传递出来，观者如同收到一封封由古至今的"家书"，同时也寓意优秀传统文化的不断传承。

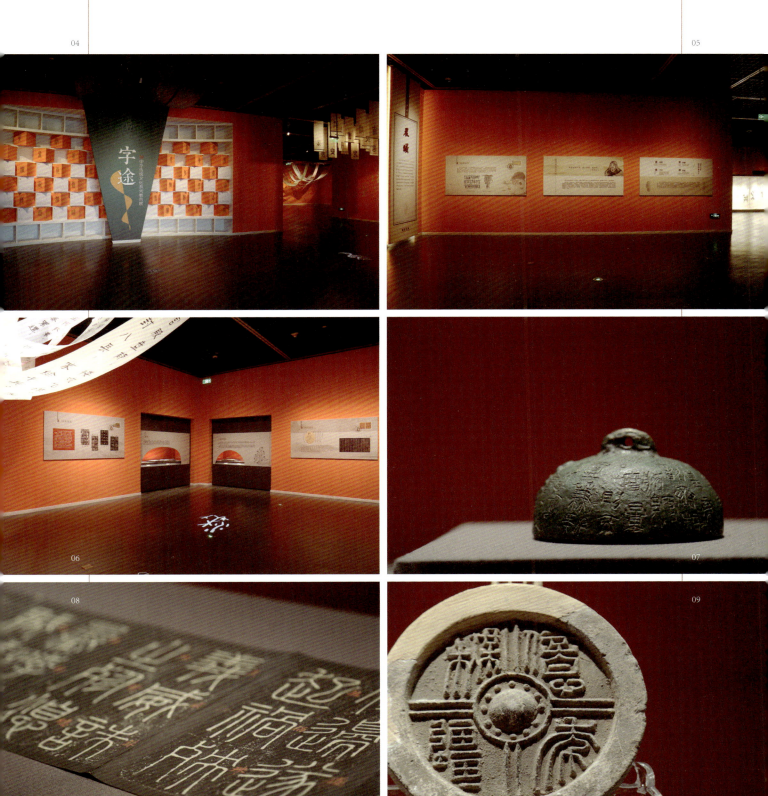

01

02

03

10. 精艺传承夺天工——辽宁省非物质文化遗产雕刻技艺专题展

展览时间：2022年6月11日至2022年9月11日

展览地点：一层2号展厅

展览内容：

　　6月11日是2022年的"文化和自然遗产日"，为宣传贯彻习近平总书记关于"全面保护好历史文化遗产"，秉承让文物"活起来"的精神，本馆再次以"文物+非遗"的方式让观众走进非遗、了解非遗，生动有趣地讲好辽宁雕刻历史与文化。

　　本次展览以"连接现代生活、绽放迷人光彩"为主题，汇集辽宁省博物馆、沈阳故宫博物院、辽宁省文化遗产保护中心收藏的各类文物41件／套和国家级、省级、市级工艺美术大师的作品136件／套，岫岩玉雕、阜新玛瑙雕、抚顺琥珀雕刻、本溪松花石砚制作技艺、大连核雕、锦州传统锡雕六项辽宁国家级非物质文化遗产代表性项目的经典作品也在展览中展出。历史文物与非遗精品齐聚一堂，传承与创新交相辉映。这些雕刻细腻、制作精巧、寓意吉祥的展品无不渗透出古代与现代能工巧匠的器物之美、技艺之美、匠心之美、文化之美。展览多角度地呈现出辽宁五千年文明在雕刻技艺中变化传承，在传承中创新，由古及今追寻中国传统雕刻技艺的发展脉络，找到与之对应的文化元素和工艺理念，感悟"天人合一""和谐美满"的中国传统造物智慧，弘扬"鼎固革新""时代共进"的工匠精神。

04

05

06

07

11. 华·彩——辽宁省博物馆藏珐琅器专题展

展览时间：2022年7月31日至2022年10月30日

展出地点：一层5号展厅

展览内容：

　　13世纪末至14世纪初，珐琅工艺经西亚阿拉伯地区传入中国。中国工匠在掌握这门技术之后，逐渐将中华民族传统文化风格融入其中。历经明清两代的发展，珐琅工艺逐渐成熟，取得辉煌成就，发展成为中国工艺美术史上一颗璀璨的明珠。本次展览甄选辽宁省博物馆藏珐琅器79件/套，时间跨越元代至当代，从珐琅源流、造型特征、制作工艺以及装饰纹样等四个方面进行解读，为观众叩开一扇了解珐琅器的大门。

04

05

12. 人·境——古代文人的园中雅趣

展览时间：2022年8月27日至2022年11月6日

展览地点：一层1号展厅

展览内容：

　　中国古典园林历经汉至魏晋的萌芽、隋唐的兴起、宋代的勃发以及明清的兴盛，逐渐打上文人情感的烙印。中国古代，园林不仅是古代文人雅集闲游、参禅悟道、修身养性的生活起居场所，更寄寓着古代文人诗意中栖居的理想与崇尚自然的生活境界，是赓续中华传统文脉、慰藉人类心灵的文明成果。

　　展览聚焦中国传统绘画重要的创作母题之一——"园林宅邸"画及与之相关的古代绘画作品，旨在探讨和阐释中国古典园林文化的内核，引领观众在品味古代绘画的同时，感知艺术背后的中国古代文人精神世界，进而探索古代文人如何用艺术来表达内心世界，为理解中国古代书画作品提供一个新的视角。展览除39件辽宁省博物馆自有馆藏作品外，还汇集了故宫博物院、南京博物院、浙江省博物馆、天津博物馆、吉林省博物院、苏州博物馆、镇江博物馆、旅顺博物馆等8家国内知名文博机构的32件重要藏品，甚至为海内孤品，系统性地呈现了传承中的中国园林。

01 观众驻足欣赏沈周《东庄图》册

02 馆外造景

03～05 展厅实景

04

05

13. 乐·土——辽宁古生物化石精品展

展览时间： 2022年10月25日至2023年5月3日

展览地点： 一层3号展厅

展览内容：

化石是大自然馈赠给人类的瑰宝，烙印着远古生命的密码。展览以古生物学家取得的最新科研成果为基础，向观众呈现了辽宁大地亿年前门类多样、形态各异的古生物化石，配合精彩的多媒体展示，兼具艺术与科学的古生物复原图以及丰富的图版和文字说明，还原了中生代时期活跃在辽宁地区这片乐土之上的远古生命。展览展出古生物化石的多项辽宁之最，中国之最，世界之最。如此大规模的精品化石在辽宁省博物馆集中展出，在辽博历史上属首次。本次展览的举办是宣传展示、保护利用辽宁化石品牌的一项重要举措，是辽宁省博物馆主动参与宣传不同形态文化的积极尝试。对辽宁省博物馆而言，将不同形态文化体系引入博物馆展出，既补充了展览品类的短板，又践行了深层次、全方位服务社会的使命。

14. 青花清韵——元青花瓷器展

展览时间：2022年12月8日至2023年7月23日

展览地点：一层4号展厅

展览内容：

元青花瓷器是在继承传统、交流互鉴、创新发展中产生的。选取唐宋时期瓷器的器型样式，吸收唐、辽、两宋、西夏的金瓷器、织绣、建筑彩绘、石窟壁画等的装饰元素，并根据草原民族的生活需要和审美习惯重新设计定型；借鉴西亚波斯地区烧造钴蓝釉彩的成熟经验，发挥中国水墨画的笔致意趣，意境融切，气象雄阔。为了让观众更好地欣赏瓷器、了解历史、感受文化，本次展览呈现出五大看点：全省馆藏元青花瓷器首次集中展出，辽博新藏品第一次与观众见面，全面反映元代青花瓷器的品质特征，全方位解读与展览主题及展品相关的历史信息，采用多种数字化技术打造元青花的图像资料馆。元青花是华夏民族历代烧瓷心得的结晶，也是多元文化和谐交融的典范。其硕巧相宜的造型风格、蓝白相间的色彩搭配、疏密有致的装饰纹样，彰显出大一统王朝的恢宏气势和兼收并蓄、开放包容的胸襟气度，无疑是中国陶瓷史上的一座丰碑，也铸就了世界陶瓷史上璀璨夺目的篇章。

01　『青花清韵——元青花瓷器展』布展

02　『青花清韵——元青花瓷器展』海报

03、04　『青花清韵——元青花瓷器展』展览现场

01

03

04

15. 大美长城——长城（辽宁段）风光摄影图片展

展览时间：2022年12月20日至2023年3月20日

展览地点：一层大厅

展览内容：

长城是世界历史上工程量最大、修筑时间最长、跨越地域最广、体系最为完整的冷兵器时代军事防御工程，它是中华民族精神与力量的象征。

辽宁是长城资源大省，从战国到明代均在本省境内修筑过长城，从鸭绿江畔、渤海岸边，到辽西山区，全省现存各时代长城1200余公里，绵延不绝的长城犹如气势磅礴的巨龙，翻越崇山峻岭，跨越江河绝壁，穿越时空，横亘于辽宁大地。

本展览共展出展品50组，91幅。作为世界范围内最有价值、最具观赏性的人文景观之一，长城在摄影家镜头下独具风采，当人们面对一幅幅精美的摄影作品时，就如同登临长城，目睹群山峻岭之间辽宁长城的雄姿，领略锦绣江山的壮美风光。

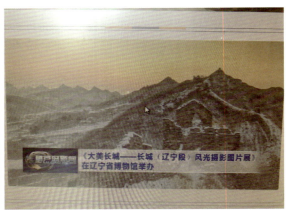

长城是世界历史上工程量最大、修筑时间最长、跨越地域最广、体系最庞大的冷兵器时代军事防御工程。它是中华民族精神与力量的象征。

辽宁是长城资源大省，从战国到明代均在我省境内修筑过长城，从鸭绿江畔、渤海岸边，到江西山区，全省现存各时代长城约1200余公里，绵延不绝的长城犹如气势磅礴的巨龙，翻越崇山峻岭，跨越江河绝壁，穿越时空横亘于辽宁大地。

为完整的呈现辽宁长城的雄姿，领略锦绣江山的壮美风光，本次展览精选了最具有价值、最具观赏性的人文景观之一——长城在摄影家镜头下独具风采，当我们面对一幅幅精美的摄影作品，就如同登临长城，目赌群山峻岭之间辽宁长城的雄姿。

指导单位：辽宁省长城国家文化公园建设工作领导小组办公室
主办单位：辽宁省博物馆、葫芦岛市博物馆
协办单位：葫芦岛市摄影家协会
展览时间：2022. 12/20 2023. 3/20
展览地点：辽宁省博物馆

05

06

16. 对望与凝视——东京富士美术馆藏西方绘画精选展

展览时间：2022年12月27日至2023年4月5日

展览地点：一层2号展厅

展览内容：

　　人物向来是绘画艺术的中心之一，其起源可追溯至数千年以前。西方艺术家描绘人的外貌、体态、表情、着装，以及道具、背景等，无一不在传递着有效的信息，透露出描绘对象、艺术家，甚至还有委托人的心理活动、个性特征、身份地位，以及社会背景和时代的期许等。人物绘画中丰富的图像信息是一种独具一格的历史记录。

　　此次展览所展出的作品全部来自亚洲范围内艺术品收藏和展出最为丰富多样的重要博物馆之一——东京富士美术馆，聚焦于西方500年绘画艺术史。展览精心选取了安东尼·凡·戴克、戈雅、雅克·路易·大卫、安格尔、德拉克洛瓦、布歇、米勒、克利姆特、马格利特、夏加尔、安迪·沃霍尔等52位知名艺术家共60幅经典人物肖像题材绘画作品，从16世纪到20世纪，涵盖从文艺复兴、手法主义、矫饰主义、巴洛克、洛可可、新古典主义、浪漫主义、批判写实主义、印象派，一直到现代主义各个阶段的西方艺术史发展轮廓，堪称一场教科书级别的西方艺术史大展。而且，不少艺术家的作品更是第一次来华展出，令人惊艳。

01

02

01　阿玛利亚·冯·索尔穆斯-布朗菲尔斯肖像——安东尼·凡·戴克

02～04　展厅实景

05　志愿者陈维嘉为观众讲解展览

03

04

05

公众服务

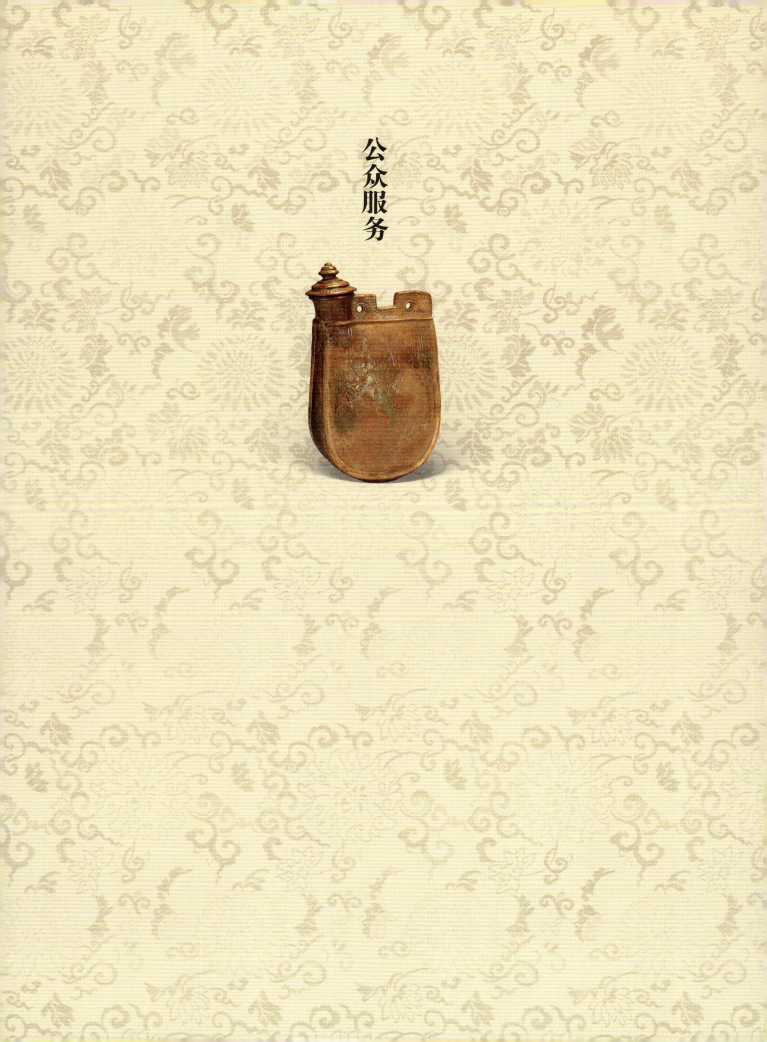

社会教育

一、乐学堂

　　"乐学堂"项目作为辽宁省博物馆教育体系的重要组成部分，多年来一直秉承"乐""学"合一的教育理念，结合本馆资源及馆藏特色文物，开发设计出一系列教育课程和创新性活动，包括场馆体验、亲子互动、手工课程、游戏竞技、角色扮演等，巧妙地将"学"与"乐"结合在一起，真正做到让青少年在学中乐，从乐中学。

　　2022年，乐学堂紧紧跟随传统文化的脚步，开展多项与传统节日相关的民俗体验活动，以及与展览相关的特色教育活动，带领青少年在趣味活动中收获知识、感知历史、传承中华文化，让受众有所学、有所得、有所悟，让更多人在触摸历史中延续中华文脉。

　　1. 我们的节日

元旦——欢度元旦系列活动

　　传统文化添喜气，博物馆里迎新年。元旦是一年之始，是生机的开始，温暖的开始，更是希望

07　　04　　01
～　　～　　～
12　　06　　03
绘　　感　　带
门　　受　　上
神　　『　　『
　　　立　　水
　　　体　　肺
　　　拓　　』
　　　』　　去
　　　　　　考
　　　　　　古

的开始。2022年元旦，辽博为广大观众朋友带来了丰富多彩、寓教于乐的教育活动。结合"江口沉银"展览推出"带上'水肺'去考古"活动，在趣味互动的过程中帮助青少年观众理解水下考古工作环境以及出水文物；结合"墨影镂英"展览推出"拓印体验活动"，让观众亲自动手体验"立体拓"。让我们"带上'水肺'去考古"、一起来感受"拓印"，共同开启红红火火崭新的一年。

春节——新春活动大礼包

春节是中华民族最隆重的传统佳节之一，春节的到来也意味着春天将要来临，万象更新，草木复苏。春节期间，人们常常会除旧迎新、祈福求愿，与亲朋好友互发新年祝福，期盼新的一年诸事顺遂。2022年的新春大礼包内容丰富，汇集绘门神、写福字、剪纸、虎头帽

DIY等多种形式的活动，将节日的气氛烘托得愈发浓郁，在笑脸盈盈中为虎年增添一抹亮丽的色彩！

国庆——"喜迎华诞 欢度国庆"

金秋时节，银杏飞舞。国庆期间，辽宁省博物馆带领大家品味五千年悠久文化，感受丰

01

02

03

04

05

06

07

08

09

10   11

12

13   14

富多彩的教育活动，参加国色天香——牡丹花灯DIY，亲手做一盏国色天香的牡丹花灯，增加喜庆的节日氛围；手绘镂空版画，畅游在园林雅趣间，体验亭台楼榭、曲水通幽的诗情画意；制作出一个个小小的鸡冠壶包，见证马背上的民族风情。让文物"活"起来，一起点亮对祖国母亲的祝福！

01

02

03

04

05

06

07

08

09

10

11

12 13

01

02

03

04

05

2. 展览里的故事

"和合中国"主题系列教育活动

作为辽博史上规模最大的特展，"和合中国"展旨在通过古意盎然、彬蔚称盛的文物之美，解读"和合"文化所蕴含的宇宙观、天下观、社会观、道德观，展现中国传统文化中的"和合"精神、文明价值，展示中华民族的独特精神标识，在"和合"文化传承与涵养中增强文化自信。结合展览，我们推出"和合中国"主题系列教育活动，有将"事事如意"美好寓意融入传统手绳编织中的"柿柿"如意活动；有将人们带入"花好月圆夜，丹桂飘香时"美好意境之中的花好月圆手工拼插画；有感受人与自然和谐之美的山水场景手工拼插活动；还有"鱼"你相遇的小鱼风铃制作活动。乐学堂用精巧的手工、美好的寓意为展览锦上添花。

01~05 制作鸡冠壶包 体验马背上的民族风情
06~10 『柿柿』如意

01

02

03   04

05

"乐·土——辽宁古生物化石精品展"系列教育活动

　　化石是远古生物的烙印，是大自然馈赠的宝藏，结合"乐·土——辽宁古生物化石精品展"，乐学堂研发、策划主题教育活动，将展览的知识与内涵进行整理与输出。我们开展了有"虫"自远方来的"发光昆虫瓶"制作活动，"探秘史前龙宫——热河生物圈"版"鱼缸"的制作活动，"奇趣恐龙蛋"的恐龙蛋手工制作活动，以及"小龟奇遇记"的立体小龟拼贴活动。通过寓教于乐、形式多样的教育手段，帮助观众，尤其是青少年群体更好地体会人与自然和谐共生，梦回亿年前的乐土，去解读辽宁大地的史前岁月。

01

02

03

04

05

06

二、博物馆研学教育项目

辽宁省博物馆自2019年推出青少年研学教育项目以来，不断推陈出新，拓宽新思路、探索新想法、实施新举措。2022年，辽博继续坚持"展教并重"的教育理念，策划适合中小学生的专题展览和教育活动，结合中小学生认知规律和学校教育教学需求，充分挖掘博物馆教育资源，打造"线上+线下"相结合的全新研学教育模式，让博物馆里的历史文化变得触手可及，走向更广泛的青少年。值得一提的是，2022年全新推出的"汉字之旅"主题教育项目荣获了第二届全国文博社教优秀案例。

（一）"汉字之旅"暑期系列研学夏令营

为了让广大中小学生可以在乐教乐学的学习氛围中度过一个有意义的暑期生活，2022年暑期来临之际，辽宁省博物馆特别筹划举办"汉字之旅"暑期系列研学夏令营。活动以"字途——中华传统文化系列教育展"的展览知识为研学内容，通过符合青少年学习特征、富有趣味性的研学课程及活动，带领学生去发现汉字、走近汉字、了解汉字的发展及演变，感知那些古老又鲜活的"文化魔方"。希望广大青少年观众能够从汉字文化中汲取古人的聪明才智与精神力量，激发起继承和弘扬中华优秀传统文化的信心与决心。

"汉字之旅"系列研学活动知识满满，亮点繁多：博物馆主题学习、展厅探寻、"好用的"学习单、制作体验、互动游戏……都旨在以适合孩子的学习及表达方式穿越五千年时空与万千个方块对话、联结，深入探索记录中华文化的符号——汉字。

01

02

03

04

05

06

07

08

09

01

02

03 04

05

06 07

08

09

10

11

12

13

14

（二）线上研学课程

1."字途——中华传统文化教育展"系列线上研学课程

2022年，为了更好地秉持"展教并重"的教育理念，辽宁省博物馆教育员再次整装出发，推出"字途——中华传统文化教育展"专题展览，期待它能促进传统文化"教与学"方式的改革，充分利用博物馆优质教育资源，帮助青少年在轻松愉悦、寓教于乐的展览氛围中读懂历史、感知文化。与此同时，围绕展览内容特别策划推出了"有趣的甲骨文""吉金载文""简牍纪事"和"千字文"系列线上研学课程，期望通过课程可以帮助广大观众尤其是中小学生更好地理解展览内容，达到"展教合一"的教育目的。

01

中国早期的文字是什么样子

02

它是一个逃之夭夭的天字

03

今天想跟大家聊一聊青铜器上的文字

04

孙昶是比儿子更小的一辈

能够识字并会使用文字的

他来自我们今天要学习的内容千字文

2. "龙城春秋——三燕文化考古成果展"系列线上研学课程

　　为了帮助青少年更好地解读"龙城春秋——三燕文化考古成果展"，基于展览内容和馆藏文物资源，辽博精心策划推出"古代将军和他的战马"和"漂洋过海的鸭形玻璃器"三燕文化考古成果展线上研学课程，旨在通过线上研学课程激发广大青少年观众对家乡历史文化的热爱与探寻，帮助其深入了解和认识三燕文化，进而让源远流长的中华历史文化真正根植于青少年心中，促进文化的有效传承与发展。

07　05　03　01
08　06　04　02
千字文　简牍纪事　吉金载文　有趣的甲骨文

01

02

03

04

05

06

3."博物洽闻"线上研学课程

"博物洽闻"线上研学课程是针对不同年龄层次策划开发的有针对性的互动教育课程,该系列课程依托馆藏文物和历史文化资源,融知识性、趣味性、体验性于一体,在寓教于乐的课程氛围中帮助青少年了解更多的传统文化知识,潜移默化中强化爱国主义教育。其中,恰逢壬寅虎年推出的"'萌'虎来了"课程,重温第二十四届冬季奥林匹克运动会激情的"冰雪的记忆",探寻拥有价值"万万五"的财富主人的"大西浮沉"及"极其珍贵的辽代山水画",都让观众在潜移默化中理解文物背后重要的学术价值。

07

08

有百兽之王的美誉

这个缝的绳需要留长一些

整个虎抛

09

10

01

02

03

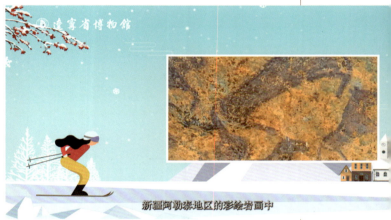

04

05

06

江口明末战场遗址

07

这个也是可以的

辽宁省博物馆 线上研学课程

08

"博物洽闻"系列教育课程之

极其珍贵的辽代山水画

09

《深山会棋图》

辽宁省博物馆 线上研学课程

10

11

三、小讲解员培训班

　　暑期"小讲解员培训班"是辽宁省博物馆重点打造的一项未成年人教育品牌项目，旨在提高未成年人的自身素质，培养其综合能力，加强其对家乡历史文化的认知和理解。活动秉承"传承、自主、创新"的培训理念，汇集了辽博的优质资源，让未成年人乐享假期美好时光，畅游博物馆文化殿堂。

　　"小讲解员培训班"自2014年首次面向社会招募学员以来，现已举办8期，培养了大批优秀的小讲解员。作为全国青少年教育基地，我们积极培育自有教育品牌，逐步实现了面向全省招募。学员来自沈阳、鞍山、本溪、铁岭等地，培训覆盖面更广。

　　在授课内容上，不断增加新知识点与新课程，既设置了"走进古代辽宁"系列课程、"穿越清朝之旅"主题文化等授课内容，还充分利用馆内资源，结合陈列展览，引导小讲解员进行展厅实践和写作练习，充分体现辽博特色。

01

02

03

04

05

06

07

08

09　　　　　　　　　　　　　　　　　　　　　　　　　　　10　　11

01

02

03

04

05　　　　　　　　　　　　　　　　　　　　　　　　　　　　　　06

07　　　　　　　　　　　　　　　　　　　　　　　　　　　　　　08

09

07 04 01
~ ~ ~
09 06 03
讲 博 笔
解 物 尖
实 馆 下
践 初 的
　 体 国
　 验 宝

07

08

09

10

11

12

13

14

01　　02

03

04

四、儿童体验馆

　　儿童体验馆位于辽宁省博物馆展楼二层，面积近1000平方米，设有"石器王国""秦小开历险记""魔法衣橱""北方民族的家""手工坊""光影故事""漫话兵器""阅读区"八个功能区，旨在为3到12岁的儿童提供趣味化、个性化的体验空间，让儿童通过互动的方式学习知识、激发兴趣，从而促进儿童的全面发展。

　　辽宁地区历史悠久，向小朋友展示家乡深厚的文化底蕴是辽博"儿童体验馆"的重要职责。"石器王国"区域以阜新查海遗址为原型，通过情景再现、互动体验等形式，让人们了解石器时代的自然环境、动植物种类、古人类的生活方式，从而激发他们的兴趣和求知意愿。"秦小开历险记"取材于燕国名将秦开却胡修筑长城的故事，我们以此为原型塑造了主人公"秦小开"的形象。小朋友进入该场景后便化身为"秦小开"，以角色扮演的形式，结合故事情节完成五个侧重点各不相同的任务，每个任务都是辽博儿童体验馆预约开放互动体验需要了解的知识点。在做任务的同时，也可以了解燕国的风物文化，在角色扮演的过程中获得满满的体验感。

　　在"魔法衣橱"区域中，羽毛服饰、首饰、配饰等实物信息，为人们全面展示了古人的穿着习俗，可以通过观察和对比，了解中国古代服装的样式和穿着习俗的历史变迁；而在"漫话兵器"区域中，我们选择了有别于一般适合成年人的内容和主题，针对儿童的心理认知特点，专门设计了集知识性与趣味性为一体的展览，通过看漫画、听故事、玩游戏等活动，带领儿童畅游金戈铁马的兵器世界。

05

06

01、02 礼仪规范练习
03 面试现场
04 合影
05、06 老师正在给小朋友生动形象地解说关于卤簿钟的文物知识

　　"北方民族的家"区域重现了北方少数民族的居住生活环境，感受历史的传承和时代的变迁；在"手工坊"区域中，小朋友可以通过别具特色的手工活动，在实践中增加探索性学习的兴趣，激发人们主动思考的能力；在"光影故事"区域建立了多用的舞台，既可以用来播放影片，感受多维立体图像；也可以配合展览，安排相关演出活动。在有需要的情况下还可以用来展演木偶戏、皮影戏等非遗项目，实现博物馆公共文化服务与非遗传承的有机结合。

　　而在"阅读区"，工作人员则为观众提供了大量历史类和自然类儿童读物，可供儿童休息时阅读，同时也方便家长陪同。

01　　02　　　　　　　　　　　　　　　　　　　　　　　　　　　　　03

04　　05　　　　　　　　　　　　　　　　　　　　　　　　　　　　06

07　　　　　　　　　　　　　　　　　　　　　　　　　　　　　　08

09   10

五、青少年主题微电影：《奇妙的"和合"之旅》

11

作为中华优秀传统文化的核心和精髓，"和合"文化在中国源远流长，蕴含无比深厚的内涵，富有极其深刻的哲学思辨和中国智慧，我们从"以人为本""万物和谐""文明互鉴"的思想理念中汲取思路，精心策划出品了"和合中国"青少年主题微电影《奇妙的"和合"之旅》。这是继《文人少年派》《我和我的故事》之后，辽博推出的又一个契合展览题材背景的青少年主题教育活动。

电影内容主要取材于大家耳熟能详、历久弥新的故事，是中华优秀传统文化中的精神结晶。微电影由"百里负米""兰亭序""丝绸之路"三段故事组成，这些故事都是"和合"文化在几千年发展演进过程中的重要印证，将人与自我、人与自然、人与社会三个不同层面的"和合"文化内涵逐一呈现，充分彰显了"和合"文化的历史意义与时代价值。通过拍摄以青

01～03 小朋友都在按照老师的指导认真地动手探秘卤簿钟
04～08 老师介绍北方民族的家，小朋友和老师正在互动
09、10 试着『修复』一件陶器
11 定装花絮

少年为主题的微电影的形式，进一步解读中国传统文化中的"和合"精神和文明价值，展示中华民族的独特精神标识，赓续深入骨髓的文化基因，使小演员在活动参与过程中，传承"和合"文化的内涵，增强文化自信。

参与微电影拍摄的小演员由四至六年级的小学生海选而来，他们在前期的剧本围读和角色揣摩中都有着十分优秀的表现。小演员纷纷表示，剧本中鲜活的人物角色和生动的故事情节是吸引他们参与拍摄活动最重要的因素。在拍摄电影、演绎人物的过程中，能够更加切身地感受"和合"文化的深厚内涵以及其中所包含的中国智慧。

01

02

03

04

05

06

07

08

09

10

11

讲解服务

2022年，公共服务部讲解组守正创新，不断提升场馆服务能力，拓展文化输出渠道，将馆内阵地讲解服务和线上特色讲解相结合，充分发挥文化窗口服务的前沿突出作用，积极为观众提供全方位、多元化、高标准的优质参观体验。

一、提升服务质量，开展温馨观众服务

1. 我们在2021年11月构建了自助语音导览服务系统（一期），此系统不仅能够使观众自助租赁、归还导览设备，还同时具备无人值守智能化的管理功能，节省了本馆人员精力投入，提高运行效率，观众使用效果良好。投入使用三个多月的时间里共计完成订单约800个。由于一期的9口迷你机柜远远不能满足观众的租借需求，经常出现租赁一空的情况。因此，结合本馆的观众体量和实际情况，在2022年我们进行了自助语音导览服务驿站系统二期的建设，增添观众自助导览服务系统2台，配备数字化智能导览终端111台，增加200条文物讲解内容资源，丰富讲解资源库。

2. 为有效推动本馆公众服务升级迭代，更好地发挥社会服务功能，满足观众多元化、多层次的观展需要，本馆于2022年建设了电子导览导视系统，进一步完善展馆内外导览、信息、公告发布等数字化设施和功能，为观众参观博物馆提供智慧化导览服务。

3. 辽宁省博物馆多功能报告厅长期为辽博讲堂、学术报告、重要会议、视频会议、人员培训和文艺演出等

01

02

活动提供场地支持。为了更好地服务大众，我们将多功能报告厅的音响设备升级改造为更专业、更先进的产品。

二、在保障阵地讲解的基础上，加强传播推广，扩大辽博影响力

2022年全年，讲解员完成常规展览接待，完成"古代辽宁"基本陈列展览、"江口沉银——四川彭山江口明末古战场遗址考古成果展""墨影镌英——辽宁省博物馆藏金石拓本展""江山如画——辽宁省博物馆藏中国古代立轴山水画展""虎虎生威——壬寅虎年新春生肖文物展""和合中国""逐梦冬奥——冬景绘画暨体育文物特展""字途——中华传统文化系列教育展""精艺传承夺天工——辽宁省非物质文化遗产雕刻技艺专题展""华·彩——辽宁省博物馆藏珐琅器专题展""人·境——古代文人的园中雅趣""乐·土—— 辽宁古生物化石精品展"等专题展的接待共计968场，定时讲解320场，共计1288场。

2022年，我们一共参与线上活动27场。分别是：讲解员王婉婷配合中国文物报社完成录制"虎年说虎——调兵遣将的虎符"视频，各平台观看量达10.23万人次，点赞、转发、收藏量达445人次；讲解员参与线上录制《文明寻踪——探秘古代辽宁》特色讲解共12场；按照辽宁省文物局下发文件通知要求开展全省博物馆纪念馆讲解员风采展示活动，讲解员姜洋围绕"博物馆的力量"录制参赛的视频入选优秀作品，在"5·18国际博物馆日"辽宁主会场线上、线下活动中进行展示；讲解员姜洋、志愿者王兴媚为"寻找最美文化遗产讲解员"推介活动录制参赛视频；讲解员王婉婷、马薇、廉微、王娜、张璐配合"直播生活"栏目录制5期"和合中国"视频；与辽视青少频道合作，结合"和合中国"展览录制7期线

03

04

05

01   02

03

04

05

辽宁

辽宁省博物馆
中华五千年文明曙光
姜 洋

辽宁省博物馆
趣赏《湖山书屋图卷》
王兴媚

沈阳市文博中心（沈阳"九一八"
历史博物馆）
一台相机背后的真相
韩 啸

抗美援朝精神研究会
《汉江南岸的日日夜夜》手稿
祝 锐

06   07

喜讯 | 讲解员姜洋、志愿者王兴媚荣获"百佳讲解员"称号

辽宁省博物馆   2023-04-10 16:12 发表于辽宁

4月7日，首届"最美文化遗产讲解员"推介活动初评结果公布，我馆讲解员姜洋、志愿者王兴媚荣获"百佳讲解员"称号。

姜洋，辽宁省博物馆一名优秀的讲解员。驻足本职工作已经18年，从懵懂少年蜕变成了稳重成熟的讲解员。这18年间置身辽博，她从未间断过学习，她始终坚定一个信念，那就是：借馆为媒，以我为介，传播历史，弘扬中华优秀传统文化！今天她为大家呈现的是：中华五千年文明曙光。

08

上视频。

（一）直播生活走进"和合中国"

　　辽宁经济频道《直播生活》作为辽沈地区的王牌电视栏目，为宣传"和合中国"展下足力气，精选本次展览中的五代董源《夏景山口待渡图》、清代徐扬《姑苏繁华图卷》、唐代佚名《兰亭序》、宋缂丝朱克柔《牡丹图》、《鹡鸰》五件传世国宝，分别制作五期《直播生活走进"和合中国"》系列专题报道，主持人李昕鑫和五名辽博讲解员共同分享五件国宝背后的故事，获得观众的一致好评。此节目在辽宁经济频道黄金时段滚动播出，覆盖人群3千万，新媒体总浏览量超百万次，增强了观众群体在线下、网络和电视荧屏之间的多元互动。随后，五期专题报道凭借节目的优良品质，均被学习强国平台选用播放，引发主流媒体的二次发酵，获得了良好的社会反响。

题目	讲解员	发布日期	发布平台
五代董源《夏景山口待渡图》	马薇	第一期：2022.11.26	辽宁经济频道直播生活栏目、直播生活公众号
唐代佚名《兰亭序》	王婉婷	第二期：2022.11.27	辽宁经济频道直播生活栏目、直播生活公众号
《鸮卣》	张璐	第三期：2022.11.28	辽宁经济频道直播生活栏目、直播生活公众号
清代徐扬《姑苏繁华图卷》	廉微	第四期：2022.11.29	辽宁经济频道直播生活栏目、直播生活公众号
宋缂丝朱克柔《牡丹图》	王娜	第五期：2022.11.30	辽宁经济频道直播生活栏目、直播生活公众号

（二）主播带您看大展

为了在广大市民尤其是青少年群体中展示、传播和传承中华民族的独特精神标识，赓续深入骨髓的文化基因，辽宁广播电视台教育·青少频道与辽宁省博物馆公共服务部联合推出7期线上系列短视频"主播带您看大展"，邀请人们走进辽宁省博物馆，走进"和合中国"特展，通过生动有趣的讲解，让观众了解"和合"文化，在"和合"文化传承与涵养中增强文化自信。节目覆盖辽宁全省4200万人，平均收视0.2，观看人次超800万；北斗融媒、今日头条、百家号、抖音、微信公众号等互联网平台累计播放近500万人次。

推送截图 01、02 辽博官方公众号

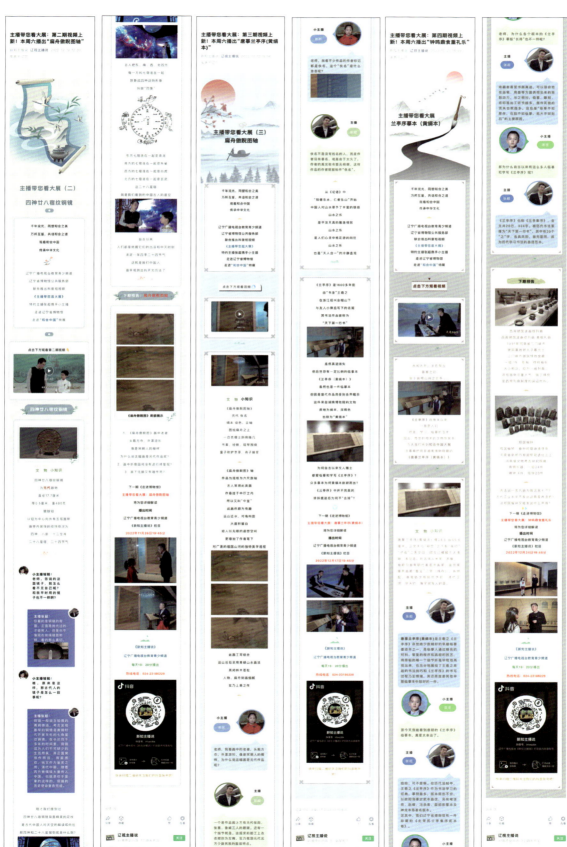

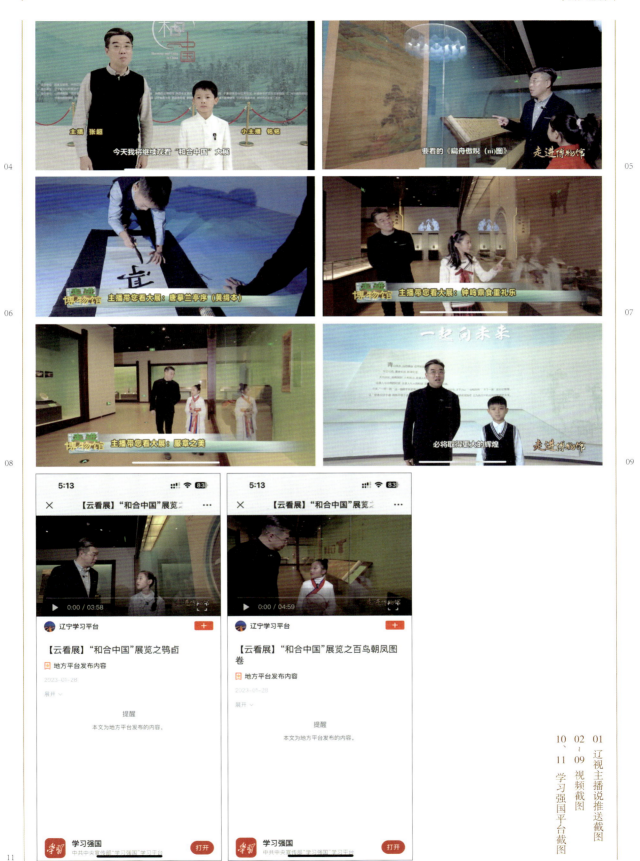

01　辽视主播说推送截图

02
～
09　视频截图

10、
11　学习强国平台截图

01～05 学习强国平台截图

06、07 特色讲解

题　目	发布日期	发布平台
"和合中国"展览中的最"萌"文物——《鸮卣》	第一期：2022.11.22	辽宁省博物馆官方微信公众号
"和合中国"展览中的《四神廿八宿纹铜镜》	第二期：2022.12.02	辽宁省博物馆官方微信公众号
"和合中国"展览中的《扁舟傲睨图》轴	第三期：2022.12.16	辽宁省博物馆官方微信公众号
"和合中国"展览中的唐摹《兰亭序》（黄绢本）	第四期：2022.12.22	辽宁省博物馆官方微信公众号
"和合中国"展览中的钟鸣鼎《食重礼乐》	第五期：2022.12.30	辽宁省博物馆官方微信公众号
"和合中国"展览中的《百鸟朝凤图》卷	第六期：2023.01.06	辽宁省博物馆官方微信公众号
"和合中国"展览中的《丝路互通》	第七期：2023.01.12	辽宁省博物馆官方微信公众号

三、"博雅教育"系列创新升级

　　"博雅教育"系列活动是公共服务部讲解组从2016年9月开始自主创新研发的博物馆青少年教育系列课程。包含"剧好看""你听我讲""特色讲解"等活动，活动以馆藏精品文物为依托，借助讲解员的生动讲解形式，开展讲解引导、动手制作的沉浸式体验，带领观众走进博物馆。2022年，讲解组在原有的基础上再创新形式，升级研发出了"文明寻踪——探秘古代辽宁""追根溯源"特色讲解新系列。

（一）"特色讲解"

　　在传统节假日等大型活动期间，讲解员带领观众走进展厅进行讲解，还引导观众实际动手操

作。融知识性、通俗性、趣味性、体验性为一体，开展讲解引导、动手制作的沉浸式体验。让中华优秀传统文化美起来、动起来、活起来，更好地构筑起中国精神、中国价值、中国力量。

博雅教育之"青描丹写——行云流水出青花"推出特色讲解2场，共40名青少年参与活动。讲解员带领青少年观众参观明清瓷器，讲解瓷器的由来、用途、历史发展及对世界的影响。利用教具为青少年观众清晰地呈现斗彩与青花五彩在装饰上的不同之处，从而使观众能更好地掌握两种瓷器知识。

（二）"追根溯源"

暑期的辽博是孩子们学习文物知识、增长历史见识、沉淀文化底蕴的好地方。我们以馆藏文物为依托，针对专题陈列展"明清玉器展""明清瓷器展""古代辽宁三之战国至隋唐时期"，倾力为孩子们策划了"追根溯源"特色讲解活动暑期版。通过教具、答题卡、文化拓展包等辅助材料，增强观众的参与性和互动性。此次"追根溯源"特色讲解运用了多样化的形式，旨在通过讲解给观众带来深层次的启发思考，引导更多人走进博物馆，了解中国传统文化。博雅教育之"追根溯源暑期特色讲解"共举办活动7次，140名青少年参与活动。

1. "琢玉成器——从璞石无光到温润有方"

通过课程，首先让青少年了解玉的起源，拓展对玉石的认知，根据展览内容延伸至明清时期流行的玉器种类和玉器制作的工艺流程，同时掌握玉器制作的步骤和相关使用的工具。通过课程，可从类别、工艺等多方面了解明清玉器。

01

02

09　08　01～07
『龙城春秋——黄金时代的甲骑具装』海报　　『追根溯源』国庆活动　　『追根溯源』瓷器活动

03

04

05

06   07

08

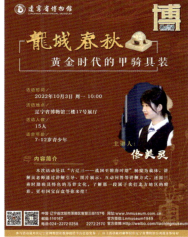

09

2．"龙城春秋——黄金时代的甲骑具装"

本次活动是以辽宁省博物馆的"古代辽宁三之战国至隋唐时期"展览为载体，以讲解精品文物为活动主体，提高观众对北方历史文化的了解和兴趣。选择展厅中的精彩内容，甲骑具装与双马镫、金步摇、玻璃器三个部分为主要说讲内容。

01　　　　　　　　　　　　　　　　　　　　　　　　　　　　　　　　　　　02

03

04

05

06

01

02

03

04

01
～
04

『追根溯源』玉器活动

05
～
16

《文明寻踪——探秘古代辽宁》视频截图

（三）"文明寻踪——探秘古代辽宁"

"文明寻踪——探秘古代辽宁"线上视频展现了博物馆自媒体短视频内容的创意和新颖属性。通过按照历史板块划分辽博文物、选取文物、隐藏线索的形式，完成国宝寻踪。12名讲解员（寻宝员）相互配合，发挥队员各自领域知识储备的优势，以难度递进、层层闯关的形式寻找线索中的文物，每找到一个国宝文物，对国宝进行细致讲解，摄像师全程跟拍寻踪过程。通过短视频，让人们能够以更轻松便捷、足不出户、身临其境的方式参观辽博。让社会公众能够通过短视频的内容，逐步认识辽博、辽博馆藏文物，提升对历史文化的普及与认知。通过系列短视频，让辽博文化深入人心，通过宣传，让人们真真正正地了解辽博，了解辽博文物，了解辽宁文化底蕴，最终创造一个宣传辽博、宣传辽宁、宣传中华文明的窗口。

12期短视频在辽博官方公众号、抖音平台、学习强国平台一经发布便获得大众关注，播放量达46484人次。

05　　　　　　　　　　　　　　　　　　　　　　　　　06　07

08　　　　　　　　　　　　　　　　　　　　　　　　　09　10

11　　　　　　　　　　　　　　　　　　　　　　　　　12　13

14　　　　　　　　　　　　　　　　　　　　　　　　　15　16

01

02

04

03

05　01～04
微信截图第一期至第六期　《文明寻踪——探秘古代辽宁》视频截图

《文明寻踪——探秘古代辽宁》系列视频第一期
辽宁省博物馆

《文明寻踪——探秘古代辽宁》系列视频第一期
视频来源：公共服务部

"金牛山人头骨"简介

金牛山人头骨

辽宁营口金牛山遗址全景

本期讲解：王民辉

TA说

来源：公共服务部

《文明寻踪——探秘古代辽宁》系列视频第二期
辽宁省博物馆

《文明寻踪——探秘古代辽宁》系列视频第二期
视频来源：公共服务部

"木雕鸟纹杖"简介

木雕鸟纹杖

"太阳鸟"雕塑（辽宁沈阳新乐遗址博物馆）

本期讲解：马翘

TA说

来源：公共服务部

《文明寻踪——探秘古代辽宁》系列视频第一期

《文明寻踪——探秘古代辽宁》系列视频第二期

《文明寻踪——探秘古代辽宁》系列视频第三期
辽宁省博物馆

《文明寻踪——探秘古代辽宁》系列视频第三期
视频来源：公共服务部

"鲵鱼形彩陶饰件"简介

鲵鱼形彩陶饰件

本期讲解：李志强

TA说

《文明寻踪——探秘古代辽宁》系列视频第一期

《文明寻踪——探秘古代辽宁》系列视频第二期

《文明寻踪——探秘古代辽宁》系列视频第四期
辽宁省博物馆

《文明寻踪——探秘古代辽宁》系列视频第四期
视频来源：公共服务部

本期讲解文物

本期讲解：张琳

TA说

《文明寻踪——探秘古代辽宁》系列视频第五期
辽宁省博物馆

《文明寻踪——探秘古代辽宁》系列视频第五期
视频来源：公共服务部

"范阳公章"金印简介

本期讲解：张晓娜

TA说

《文明寻踪——探秘古代辽宁》系列视频第五期

《文明寻踪——探秘古代辽宁》系列视频第一期

《文明寻踪——探秘古代辽宁》系列视频第二期

《文明寻踪——探秘古代辽宁》系列视频第六期
辽宁省博物馆

《文明寻踪——探秘古代辽宁》系列视频第六期

"契丹文鱼符"简介

契丹文鱼符

本期讲解：王晓杨

TA说

四、"5·18国际博物馆日"活动精彩纷呈，展现辽博大馆风采

"5·18国际博物馆日"是全世界博物馆人的节日。每年的博物馆日都有一个鲜明的主题，今年的国际博物馆日主题是"博物馆的力量"。2022年度辽宁省博物馆"5·18国际博物馆日"开幕式暨《姑苏繁华图》特种邮票首发式宣传活动，为大家送上一场独具特色的文化盛宴。为宣传并庆祝这个特殊的节日，我们开展了六大主题共60场新颖丰富的系列活动。

博物馆日新推出的展览也与观众见面，启动仪式、文化讲堂、互动体验、教育研学、文博知识等线上与线下活动交相辉映，为人们带来多元、多彩的文化体验。

主题一：亮点纷呈的开幕式

辽宁省博物馆"5·18国际博物馆日"系列宣传活动开幕式于5月18日下午2:00举行，融合了辽博特色的文艺展演，《姑苏繁华图》特种邮票首发式，国宝讲述人之"讲述龙文化"快闪等活动成为开幕式上的几大亮点，展现辽宁地区悠久历史与多元文化的同时，从不同视角诠释"博物馆的力量"。

主题二："字途——中华传统文化系列教育展"

为进一步弘扬中华优秀传统文化和社会主义核心价值观，坚定当代青少年的文化自觉和文化自信，打造立体多元的国际博物馆日，在5月18日当天，"字途——中华传统文化系列教育展"开幕。

主题三："文明寻踪——探秘古代辽宁"线上短视频

"5·18国际博物馆日"活动期间，我们在

辽宁省博物馆微信公众号上推出12期《文明寻踪——探秘古代辽宁》线上视频，展现博物馆自媒体短视频内容的创意和新颖属性。通过将辽博文物按照历史板块划分、选取文物、隐藏线索的形式，完成国宝的探秘。让人们能够以更轻松便捷、足不出户、身临其境的方式参观辽博。

主题四："文物保护小知识"线上讲解。

本馆以"博物馆的力量——藏品保护背后的科技支撑"为主题，以线上播出的方式向观众展现辽宁省博物馆文物保护硬实力。同时，充分发挥"博物馆的力量"，面向公众普及私人收藏文物的日常保养和维护，以及文物保护实验室工作环境及仪器设备，配以语音讲解介绍文保部工作中常用仪器设备的名称及相应的对于藏品保护的应用，体现博物馆在文物保护中的力量。

主题五："辽博讲堂"推出多场讲座

"5·18国际博物馆日"活动期间，我们邀请知名专家及馆内业务研究人员围绕馆藏文物及展览在"辽博讲堂"开展6期讲座，讲座采取线上与线下同期进行的方式。

主题六："字途"系列教育活动

围绕"字途——中华传统文化系列教育展"的展览文物及内容，以深入浅出的方式组织系列教育活动。借助网络，实现"互联网＋教育"，为更好地服务特殊群体，增加手语画中画形式，进一步消除特殊人群与博物馆之间的距离。

系列一："中华优秀传统文化——线上系列研学课程"

课程共4期："十二生肖汉字的演变""吉金载文""简牍纪事""草书千字文"，以视

01

02

03

04

01～03、05 "5·18国际博物馆日" 活动现场

04、06～08 "5·18国际博物馆日" 宣传海报

09 "5·18国际博物馆日" 微信推送截图

频授课、动画播放、手工实践等方式将中华优秀传统文化及博物馆独具特色的文物资源展现在公众面前。

系列二："乐学堂"系列教育活动

通过生动有趣的课程和活动，展示文物背后的优秀历史文化，帮助青少年更好地解读展览。同时结合"字途——中华传统文化教育展"设计制作了《字途——中华传统文化系列教育展青少年知识趣味问答》教育答题册。

今年"5·18国际博物馆日"主题宣传活动在辽宁省博物馆快手号、抖音号、辽宁文化云、中国集邮邮票百科等多家媒体平台进行同步直播，观看量达到86.68万余人次。

五、"和合中国"之"我是国宝讲述人"选拔活动

2022年"我是国宝讲述人"选拔活动以"和合中国——与辽博邂逅，讲述国宝故事"为主题，精选30件代表性展品由参加者自由选择讲述。活动分为海选、选拔、展演三个阶段，参与对象为7～15岁的中小学生。通过四位评委背靠背的平行打分，选出40位优秀讲述人进入选拔环节。

为了让小国宝讲述人在线下选拔活动中表现得更加专业和完美，辽宁省博物馆的专业讲解员化身为老师，线上对小选手进行选拔前培训，内容包括语言的基本功、吐字发声练习、讲解的方式方法和技巧等。

2023年2月11日，进行了线下讲述人选拔活动，选拔活动现场氛围既紧张又热烈，小讲述人以丰富精彩的讲述和灵活生动的展现形式，取得了良好的活动效果。五位专业评审老师进

01

02

03

行现场打分，最终评选出2022年"我是国宝讲述人"选拔活动的一名冠军、三名亚军、六名季军，以及三十位优秀讲述人，并于2月18日举办了文艺展演及颁奖典礼。四位获奖选手代表担任主持人，辽宁省博物馆董宝厚副馆长等领导进行颁奖，获奖选手现场朗诵与文艺演出节目交相辉映，《满江红》诵出了拳拳的爱国之心，《汉服走秀》演绎出浓浓的国风韵味，《飞天》舞蹈跳出了东方的神采飞扬，最后在《我爱你中国》的洪亮歌声中，2022年"我是国宝讲述人"选拔活动圆满落下帷幕。

此次活动一经推出，就受到广大青少年的积极参与和踊跃投稿，从2022年11月14日发布招募通知开始进行线上视频投稿，截至12月12日，共有590名选手投稿参加海选。

活动从线上海选到入围后的线下选拔，再到展演，辽宁省博物馆充分发挥自身的公共教育功能，让更多的孩子喜欢中华优秀传统文化、走进博物馆，传播优秀传统文化，讲好中国故事，讲好国宝故事。

本次活动强化与媒体的合作，展开多主体、立体化宣传，由《辽沈晚报》全程报道。辽宁省博物馆公众号5次发文，累计达5万余阅读量，共11所学校进行了校内的活动预热，短短3个月，在辽沈大地掀起了一股讲述国宝文物的热潮。

我们还与辽宁广播电视台教育·青少频道联合，从"我是国宝讲述人"优秀小讲述人中选拔小主播，录制科普短视频《主播带您看大展》，聚焦"和合中国"特展，录制播出后，社会反响较好，得到大批青少年及家长群体的认可。

《小学生报》开设"我是国宝讲述人"专栏，从参赛选手中推荐30名小学生录制文物讲解视频并进行报道。该报具有鲜明的导向性、准确

01 ～ 03　一等奖、二等奖、三等奖

04 、 05　《辽沈晚报》报道

01

02

03

的指导性、活泼的可读性，面向全国发行，读者对象为1～6年级小学生，月发行量达到35万份。

本次活动对博物馆开展青少年社教活动和小志愿者选拔培训是一次有益的探索，未来，本馆将继续打造更多有益于青少年健康成长的系列活动，使青少年走进博物馆，爱上博物馆。

博物馆是保护和传承人类文明的重要殿堂，是一所历史文化知识的综合大学，是连接过去、现在和未来的桥梁。我们结合"和合中国"现象级文物大展，组织了此次活动，这也是我们实践"博物馆教育——博物馆致力于与公众分享知识"社会教育职能的一次创新实践。"我是国宝讲述人"将"我"链接到"国宝"，讲述国宝的前提是认知国宝，让小讲述人在情景式学习中，能够真正地遇见国宝，在不知不觉中串联了过去、现在和将来，将"我"切合到人类整体中。在认知国宝、介绍国宝的过程中，小讲述人会将自己同整个人类整体联系在一起，并在这种身临其境的体验中生成国家、家庭的荣誉感，进而生发对国家的忠诚感、社会的使命感和对家庭的责任感，自觉地发现人生的价值和意义。同时将中华优秀传统文化印刻在学生的生命中，让文化软实力的自然伟力在中华儿女的血液中流淌，在"我是国宝讲述人"的活动中，遇见一个全新的自己。

2022年"我是国宝讲述人"活动（简称"讲宝"），是"我爱家乡历

史，我与国宝面对面"系列活动的第一季，第二季为2023年"我是国宝手绘人"活动（简称"绘宝"），第三季为2024年"我是国宝咏诵人"（简称"诵宝"）。三季活动将讲解、表演、绘画、诗词创作、诵读等艺术形式融会贯通、广泛应用。

通过此系列活动实践"博物馆教育——博物馆致力于与公众分享知识"社会教育职能的创新实践，吸引更多的未成年人走进博物馆，在心中埋下兴趣的种子，了解文物、了解历史、了解中华优秀传统文化，争做守护好、传承好中华文明优秀成果的文化使者，面向世界、面向未来讲好中国故事，弘扬中国精神，传承中国力量。

六、调查观众满意度，了解博物馆发展新趋势

博物馆是公共文化服务的重要组成部分，是宣传先进文化与建设社会主义文化的重要场所。文化是一个国家的根基，是一个民族的灵魂。习近平总书记强调："没有高度的文化自信，没有文化的繁荣兴盛，就没有中华民族伟大复兴。"文化自信是更基础、更广泛、更深沉、更持久的力量。

为更好地了解观众的参观意愿和参观满意度，为博物馆未来的发展方向提供相关信息，促进博物馆与观众之间的联系，根据实际需求设计调查问卷，广泛开展博物馆观众调查，于2022年1月1日至12月30日之间，通过线上（问卷星网站平台）及线下向公众发布调查问卷，定期统计、汇总观众留言和问题，确保调查结果真实有效。通过大众反馈调整博物馆展陈设计、讲解内容与文创产品的研发。同时，加强对辽宁省博物馆的多重空间开发与功能布局，从大众调查的满意度入手，以新布局、新思路搭建新时代特色化的新博物馆。

根据《博物馆在公共教育与文化旅游发展中的角色》一文中提到博物馆的主要任务是"增强在传播知识与公共教育中的核心地位，改进提升文物保存和保护的业务能力"。对博物馆教育职能认识的改变，反映了博物馆教育功能在当代的使命和意义。

近三年来，馆内的宣传教育工作围绕展览和藏品，为社会公众提供专业讲解、专题讲座、主题活动等，在线人数高达几十万人次，观众对此反响良好。为了能够让更多民众了解与增强公共文化意识，本馆未来将继续以线上、线下相结合的方式进行宣教工作：线上打造自己的抖音号和微信视频号；线下努力寻找多方支持，共同推进宣传教育工作。

调查数据显示，观众展前期望程度达到了98.46%，参观后的满意程度达到94.74%，总体满意度99.06%。现将观众意见与诉求整理如下：（1）建议提升线下讲座、讲坛的重视程度。在已有的社会教育活动方式下，继续把社会教育活动作为博物馆的一项基础性工作推进。（2）资金投入需适当增加，完成硬件上的升级工作。服务水平提升空间较大，招募志愿者，扩充博物馆宣教队伍。（3）博物馆的宣传除了利用已有的传统市场化宣传手段，可加大新媒体平台的应用和推广，也可以利用行政宣传手段进行宣传，便于博物馆更好地发挥文化

作用。（4）人才队伍建设有待加强，在人员编制、待遇等方面给予支持，配齐配强工作队伍。加强博物馆社会教育职能，满足观众多元化、多层次的文化需求。

七、讲解员业务技能、职业素养提升在行动

2月份，本馆6名讲解员参加"2022全国博物馆讲解员高级讲习班"，完成学习并获得结业证书；9名讲解员参加"2022年全国博物馆讲解员线上培训班"，完成学习并获得结业证书；2名讲解员参加"2022年全国文物博物馆中国古代玉器鉴赏线上培训班"，完成学习并获得结业证书；讲解员王婉婷获得2022全国博物馆"讲解达人"推介活动"十佳讲解视频"奖项，讲解员王娜获得"优秀听课笔记"奖项。

八、惠民服务种类多，线上、线下两手抓

（一）公益讲座——辽博讲堂

结合现代网络的多样化发展，辽博讲堂已开启辽宁省博物馆官方抖音直播的方式。抖音直播的方式打破区域限制，观众可选择不同方式、不同时间段参与观看直播和回放。"辽博讲堂"截至2022年10月28日，共举办17场活动，辽博官方抖音观看数据为24206人次。另外，还有4场"和合中国展"系列讲座正在筹备中。

（二）公益活动——博谈雅集

我们针对辽博之友（成年人）围绕中

优秀听课笔记：30名
奖励
价值500元奖品
（含文创、课程兑换券）
荣誉证书

秦林林　齐齐哈尔市博物馆
郭　昭　昔阳县博物馆
王　娜　辽宁省博物馆

✕　　文博圈 ›　　…

十佳讲解视频：10名
奖励
500元现金
价值500元奖品
（含文创、课程兑换券）
荣誉证书

王　溪　云南省玉溪市博物馆（聂耳纪念馆）
王杨雪　秦始皇帝陵博物院
王晓璇　潍坊乐道院潍县集中营博物馆
王婉婷　辽宁省博物馆

01
02
09～12 辽博讲堂视频截图
03～08 辽博讲堂讲座海报
02 王婉婷十佳讲解视频获奖
01 王娜优秀听课笔记获奖

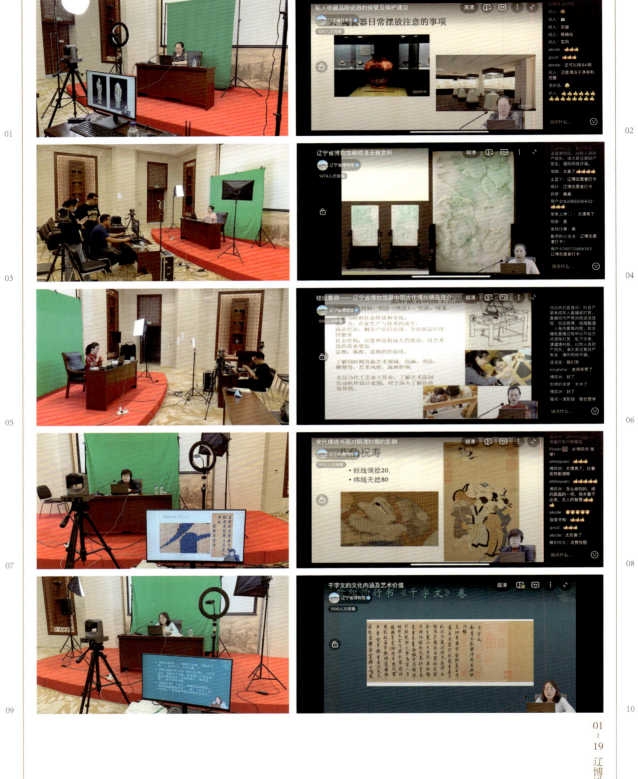

2022年辽博讲堂一览表

序号	时间	讲座题目	主讲人	单位	地点方式	辽博抖音观看人次	辽美社观看人次
1	5月29日 周日10:00	盛世景象——《姑苏繁华图》赏析	董宝厚	辽宁省博物馆副馆长	佩文斋线上	3095	650
2	5月30日 周一13:30	辽宁地域文化在博物馆的展示	刘 宁	辽宁省博物馆党委书记、副馆长	佩文斋线上	2301	817
3	6月2日 周四10:00	辽宁省博物馆藏明清玉器赏析	周晓晶	辽宁省博物馆研究馆员	佩文斋线上	1844	532
4	6月6日 周一10:00	辽宁省博物馆缂丝藏品选介	袁 芳	辽宁省博物馆学术研究部馆员	佩文斋线上	1027	1005
5	6月8日 周三10:00	宋代缂绣书画对明清时期的影响	朴文英	辽宁省博物馆研究馆员	佩文斋线上	1260	975
6	6月10日 周五10:00	千字文的文化内涵及艺术价值	张盈袖	辽宁省博物馆学术研究部，副研究馆员	佩文斋线上	1304	320

续表

序号	时间	讲座题目	主讲人	单位	地点方式	辽博抖音观看人次	辽美社观看人次
7	6月15日 周三10：00	文保讲座（一） 现代分析仪器在文物保护中的应用	栗荣贺	辽宁省博物馆文物保护部，副研究馆员	佩文斋 线上	770	60
8	6月16日 周四10：00	非遗讲座1： 阜新玛瑙雕的前世今生	杨克全	中国工艺美术大师、辽宁省特级玉雕大师、辽宁工匠	佩文斋 线上	792	144
9	6月17日 周五10：00	文保讲座（二） 有机质文物真菌病害及有害昆虫的防治	张宝龙	辽宁省博物馆文物保护部，馆员	佩文斋 线上	407	49
10	6月20日 周一10：00	文保讲座（三） 私人收藏品瓷器的保管及保护建议	李晓艳	辽宁省博物馆文物保护部，副研究馆员	佩文斋 线上	647	49
11	6月21日 周二10：00	非遗讲座2： 阜新玛瑙雕的"巧俏绝"	于 杰	中国玉文化研究会玉雕专业委员会副秘书长、阜新市玛瑙协会常务副会长兼秘书长	佩文斋 线上	987	60
12	6月22日 周三10：00	非遗讲座3： 传统锡雕的创新设计	石 岩	锦州锡雕传习馆馆长、北京云惜堂大师联合工作室负责人	佩文斋 线上	618	83
13	6月23日 周四10：00	非遗讲座4： 大连核雕再现50年前的《核舟记》	韩志耀	核雕（大连核雕）国家级代表性传承人、辽宁省工艺美术大师、辽宁省民协理事、大连民协理事、大连市工艺美术行业协会副理事长	佩文斋 线上	558	62
14	6月27日 周一10：00	非遗讲座5： 松花石砚的传承与发展——匠心有道 琢砚生辉	冯月婷	砚台制作技艺（松花石砚制作技艺）市级代表性传承人	佩文斋 线上	763	70
15	6月28日 周二10：00	非遗讲座6： 静影沉光——琥珀雕刻的非遗之美	陈焕升	琥珀雕刻省级代表性传承人、中国珠宝玉石首饰行业协会琥珀分会副会长、辽宁省琥珀（煤精）行业协会副会长	佩文斋 线上	736	32
16	9月11日 周日14：00	破解《杏园雅集图》的方法	尹吉男	广州美术学院图像与历史高等研究院院长	腾讯会议	985	
17	10月6日 周四9：30	游园·拾画——17世纪的江南园林和园林绘画	邵 彦	中央美院人文学院教授，博士生导师	腾讯会议	1199	
18	11月2日 周三10：00	再谈"入境"——园林对中国艺术展览与传播的启示	吴洪亮	全国政协委员，北京画院院长	腾讯会议	820	

国传统文化中的哲学思想、道德情操、价值观念、审美品格、艺术情趣、辩证思维和科学智慧等方面，以辽博现有陈列展览为依托，邀请相关行业领域内专家学者对展览中具有代表性的文物进行深度解读。同时，引导观众融入沉浸式互动体验，让观众更好地了解文物的前世今生，更为深刻地感悟文物背后历史文化积极向上的现实意义。

目前第一季、第二季共完成8场活动，现场受众人数为500余人，第一季网络直播受众人数为52.8万余人。后续还将针对"和合中国"开展两场活动。

（三）《相约策展人》

以辽博陈列展览为依托，以展览策展人作为连

01
~
07
博谈雅集海报

08
~
14
博谈雅集第一季活动现场照片

05

06

07

01～03 博谈雅集第一季活动现场照片

04～09 博谈雅集第二季活动现场照片

01

02

04

05

06

07

08

09

01   02

2022年博谈雅集活动一览表

序号	时间	题目	展名及人数	主讲人	体验	现场受众	网络直播	重播数据
1	2022.01.01 周六 13：30	"以刀代笔　婉转如画"——传承人解锁剪纸密码	"满族民俗"预约人数：30人	辽宁省剪纸艺术委员会副会长、沈阳市非物质文化遗产项目剪纸技艺代表性传承人：冯元平	传统剪纸	70～80人	4万	701人
2	2022.01.08 周六 13：30	"赏辽瓷　鉴宋风"——辽宋时期茶器之应用	"辽代瓷陶展"预约人数：20人	南平市曜变陶瓷研究会、非遗项目曜变烧制技艺保护单位：陈祈铭	宋代点茶	80余人	4.7万	719人
3	2022.01.15 周六 13：30	"一眼千年　纵笔缤纷画卷"——观山水画展体验手绘立轴画	"江山如画——辽宁省博物馆藏中国古代立轴山水画展"预约人数：30人	辽宁省博物馆展览策划部、本展览策划人：杨勇	立轴画制作	100余人	26.7万	638人
4	2022.01.22 周六 13：30	"满风满韵　满绣迎春"——灵动传神的满族堆绫	"满族风情"预约人数：30人	辽宁省非物质文化遗产"沈阳满族堆绫"技艺传承人：金映雪	手绣虎饰提袋	70～80人	7.8万	—
5	2022.02.05 春节初五 13：30	"快乐看展　影动虎年"——灵动传神的奉天皮影	"虎虎生威——壬寅虎年新春生肖文物展"预约人数：15人	沈阳非物质文化遗产皮影传承人：陈雪月	手绘皮影	100余人	9.6万	—
6	2022.08.14 周日9：30	"七彩凝成富贵图"——观珐琅展体验传统技艺	"华·彩——辽宁省博物馆藏珐琅器专题展"预约人数：20人	掐丝珐琅传承人：鲍子良	掐丝珐琅杯垫	80余人	—	—
7	2022.10.02 周日9：30	"指绕腕旋轻云幻凝雪"——体验宋代点茶	"人·境——古代文人的园中雅趣"预约人数：20人	国家高级茶艺师、国家高级评茶员、非遗宋代点茶第四代传承人：周曼曼	宋代点茶	70余人	—	—

接博物馆展览与大众文化需求的重要桥梁和纽带，跟随"策展人"的视角和思维，共同高频度、多维度地欣赏展览，解读文物的前世今生。2022年第一季、第二季共完成10期活动，为惠及更多观众，第二季采取栏目录制的形式，线上、线下惠及观众2000余人。

01、02、博谈雅集第二季活动现场照片

03、04、「和合中国」展总策展人刘宁书记为观众做现场导赏

05～08「和合中国」展策展人导赏

01～03　微信截图

04、05　「华·彩」策展人都惜青为观众做导赏

06　「华·彩」策展人张莹为观众做导赏

07　「字途」策展人谢迪欣、张馨予带领观众参与教育活动

08　「精艺传承夺天工」策展人胡柏为观众做导赏

09　策展人郭松雪为观众做导赏

04

05

06

07

08

09

流动送展服务

自2021年流动车完成全面改版升级后，流动宣展车送展服务以全新面貌呈现在观众面前，并积极发挥其宣传、展示的功能和作用。2022年受到疫情的影响，本馆流动送展服务克服重重困难，在疫情平稳期，将馆藏的特色文物和部分优秀展览送到学校、社区、乡村等基层组织，受到观众的热烈欢迎。2022年7月，本馆与沈抚示范区李石街道四方台村驻村第一书记取得联系，分别送展到示范区李石街道所属七个村，积极助力乡村振兴、建设新农村。截至年底，四次走进四方台村、大南村、青台子村等地；为了加强推动本馆与中小博物馆的交流与合作，今年继续与鞍山市文化旅游发展促进中心共同合作，将"虎虎生威——虎年生肖文物图片联展"等展览送到鞍山市朝鲜族文化艺术馆长期展出，推动了"活力鞍山建设"。本馆将荣获第十八届全国博物馆十大陈列展览精品奖的"山高水长——唐宋八大家主题文物展"、具有辽博特色的"笔墨映丹心——革命烈士诗抄展""中华传统文化系列教育展"等主题展览通过展板的形式送到浑南高中、白塔小学等中小学校，累计送展服务10余次，送展时间长达50余天，服务观众2万余人。

为了更好地弘扬辽宁地区悠久的历史文化，着力提升辽宁省博物馆的影响力，本馆不断加强人才队伍建设，提高送展人员服务意识和服务水平，先后对流动博物馆教育员、后勤保障人员、志愿者进行了三次集中培训。在中

01

02

03

04

国博物馆协会流动博物馆专业委员会的指导下，本馆作为专委会副主任委员单位，不断拓展流动服务职能，更好地发挥流动文化的作用，流动博物馆团队不仅主动与专委会其他会员单位交流合作，同时完成了《中国流动博物馆专业委员会成立六周年纪念册》辽博部分撰稿工作。

01、02 送展到鞍山市朝鲜族文化艺术馆

03、04 送展到浑南区白塔小学

2022年流动送展服务一览表

序号	活动时间	送展内容	送展地点	观众人数
1	1月5日	笔墨映丹心——辽宁省博物馆藏革命烈士诗抄展	浑南高中	500余名学生、70余名教师（30余名党员）
2	3月2日	山高水长——唐宋八大家主题文物展	浑南高中	500余名学生、百余名教师
3	3月7日（常年展览）	壬寅虎年"虎虎生福"新春生肖文物图片联展	鞍山市朝鲜族文化艺术馆	举办中长期展览，观众数千人
4	6月16日	文·物——中华传统文化系列教育展	浑南区白塔小学	1～6年级学生2600余人，教职工150余名
5	6月28日	壬寅虎年"虎虎生威"新春生肖文物图片联展	浑南区白塔小学	1～6年级学生2600余人，教职工150余名
6	7月11日至7月13日	壬寅虎年"虎虎生福"新春生肖文物图片联展	沈阳七中五里河学校	学生700余人，教职工近50人
7	7月22日	流动宣展车	抚顺开发区李石寨李石社区驻四方台村	7个村，社区居民500余人
8	7月29日	流动宣展车	抚顺开发区李石寨青台子村	400人参观
9	8月3日	流动宣展车	抚顺开发区大南村李石街道	100余人参观
10	8月18日	流动宣展车	抚顺开发区大南村	200余人参观
11	8月19日	流动宣展车	抚顺开发区大南村李石街道	2000余人参观

01

02

03

04

05

06

07

08

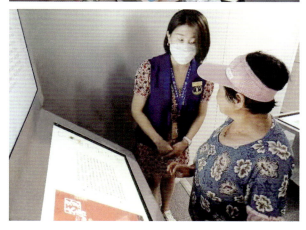

09

10

11

12

01
～
05
送展到抚顺开发区大南村李石街道

06
～
09
送展到抚顺开发区李石寨李石社区驻四方台村

10
～
12
送展到抚顺开发区李石寨青台子村

01
～
03
送展到浑南高中

04
～
07
送展到沈阳七中五里河学校

04

05

06

07

志愿者工作

　　春有百花秋有月，夏有凉风冬有雪。转眼间，我们走过了精彩的2022年。这一年，辽宁省博物馆志愿者开拓创新、锐意进取、扎实工作，取得了累累硕果，工作亮点纷呈。就让我们通过一张张照片、一段段文字去回望这不平凡的2022年。

一、历史文化宣讲团讲好中国故事

　　辽博志愿者先后讲解了"和合中国""乐土——辽宁古生物化石精品展""江山如画——辽宁省博物馆藏中国古代立轴山水画展""墨影镌英——辽宁省博物馆藏金石拓本展""人·境——古代文人的园中雅趣""华·彩——辽宁省博物馆藏珐琅器专题展"等13个临时展览，"珍品馆""中国古代碑志展""中国古代货币展"等9个专题陈列和"古代辽宁"5个展厅的基本陈列。

　　2022年，辽博志愿者讲解展览27个，讲解场次5549场，参与活动场次2175场，累计7724场，服务时长9897.25小时。

二、学生志愿者展青春风采

　　为了让更多的学生走进博物馆，传播历史，辽博积极打造"花季爱辽博　憧憬中国梦"教育品牌项目，招募沈阳工业大学、东北育才学校科学高中部等学生100人成为志愿者，讲解文物背后的故事，答疑解惑，引导观众更好地观展，并

01

02

03

01、02
『历史文化宣讲团』日常讲解

03、04
学生志愿者展青春风采

05、06
流动博物馆志愿服务小分队送展

07、08
创新开展线上讲解

参与线上讲解等志愿服务，累计服务时长约300小时。

三、流动博物馆志愿服务小分队送展忙

2022年，辽博志愿者以"流动博物馆"志愿服务小分队的形式助力流动博物馆送展进新抚开发区李石乡四方台村、青台子村、大南村3个村、鞍山市朝鲜族文化艺术馆等基层单位10余次，志愿者用热情的服务态度和专业的服务水平满足了人民群众的文化需求，把中华优秀传统历史文化和辽宁优秀地域文化以通俗易懂的流动展览方式送到人民群众身边。

四、创新开展线上讲解、亲子活动等新形式

"共话历史——志愿者伴您游辽博"以辽博史上规模最大的特展"和合中国"为契机，精选了10件精品文物，主要以短视频的方式为观众线上讲解，呈现文物背后的故事。它开创了辽博志愿者短视频线上讲解的新方式、新领域，助力"和合中国"展览的线上讲解和宣传工作，为辽博社教工作数字化增光添彩。此外，辽博志愿者还参与录制了"博谈雅集"中"多彩的世界"和"人·境"展览的讲解以及"讲述龙文化"等讲解视频。

辽博志愿者线上、线下讲解联合互动，共同发展，能更好地宣传推广展览，讲好中国故事、辽宁故事，增强辽博和展览的文化辐射力和影响力，帮助人们树立文化自信。

为满足观众亲子参观的需求，辽博志愿

04

05

06

07

08

01

02

者针对青少年儿童开展了3场"遇见国宝"亲子活动，为孩子们讲解"精艺传承夺天工""字途""华·彩"等展览。

五、大型活动展团队风采

为庆祝"国际志愿者日"，辽博志愿者精心组织策划了以"志愿精神在辽博绽放"为主题的丰富多彩的宣传纪念活动。活动中，人们观看了宣传片《大美辽博志愿者》，激情饱满又才华横溢的志愿者表演了《共圆中国梦》《琴棋书画茶》《难忘辽博情缘》等节目，远方的志愿者也通过视频送来了节日祝福，最后大家共同唱响《辽博志愿者之歌》，让志愿精神在辽博绽放。

积极组织志愿者参加第九届"博博会"的"以志愿精神　讲好中国故事"展览，展示辽博志愿者风采。

在"5·18国际博物馆日"活动中，辽博志愿者参加了大型宣传活动的主持、现场书法、绘画表演和摄影摄像等工作，并展示了"讲述龙文化"，志愿者中的媒体工作者、公务员、学生、警察、律师等社会各界代表以快闪的形式上台，声情并茂地讲述龙文化的发展历程，用声音展示博物馆的力量。

03

04

01、02 创新开展线上讲解

03、04 开展「遇见国宝」亲子活动

05～08 「志愿精神在辽博绽放」主题宣传纪念活动

09、10 参加第九届「博博会」

11、12 参加「5·18国际博物馆日」活动

05　06

07　08

09　10

11　12

六、媒体眼中的我们

辽宁广播电视台、中新网、《辽宁日报》等主流媒体多次报道辽博志愿者先进事迹，他们评价说：辽博志愿工作是雷锋精神发祥地的"辽博样本"，辽博志愿服务成为"全国标杆"。

七、2022年获得的荣誉

1. "大美辽博——志愿者历史文化宣讲团志愿服务项目"荣获"2022年度全国博物馆志愿服务典型案例"。

2. 辽博"流动博物馆"志愿服务小分队志愿项目榜上有名，荣获2022年度辽宁省学雷锋志愿服务"四最"先进典型宣传推选活动的"最佳志愿服务项目"。

3. 辽博荣获"喜迎二十大　强国复兴有我——青少年中华文物我来讲"优秀博物馆志愿服务推介项目。

4. "辽宁省博物馆志愿者历史文化宣讲团"入选2021年"春雨工程"全国示范性志愿服务项目。

5. 东北育才学校辽宁省博物馆志愿者社团荣获沈阳市青年志愿者协会主办的2021年度"沈阳青年志愿优秀组织奖"。

6. 辽宁省市场监督管理局公布《关于印发2022年辽宁省地方标准立项计划的通知》，其中由辽宁省博物馆起草的地方标准《博物馆志愿者服务与管理规范》正式获批立项，标志着辽宁省博物馆志愿者服务与管理标准即将推向全省，发挥了全国公共文化设施学雷锋志愿服务示范单位作用。

01

02

03

04

最美辽博蓝，无悔志愿情。文化传播，不是一份知识从这里拷贝到那里的过程，而是一根根你够得着的人格火炬彼此点燃、薪火相传的过程。传播历史文化，辽博志愿者一直在努力！

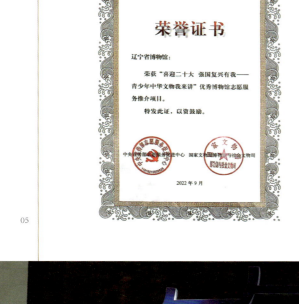

文化创意

一、产品研发

2022 年，辽宁省博物馆在中心党委的领导下，按照中心"一家一策"和文创工作的总体部署，积极开展文化创意产品的开发与合作工作，努力满足观众对博物馆文创产品的多层次、多样化需求。辽博的文创工作始终坚持自主研发与馆企合作等多种运营模式，逐步形成了独具辽博特色的文创品牌，先后与苏州祯彩堂工艺社、艾玛爱丽艺术咨询公司、沈阳市邮政公司、辽宁乐享万德福商贸有限公司、鼎籍文化创意有限公司、北京雅昌艺术印刷有限公司、方舟正佳文化传播有限公司、辽宁正源文化教育发展有限公司、辽宁文化创意产品研发中心、辽宁美术出版社、体验科技股份有限公司、辽宁省沈阳邮电印刷厂、鲁迅美术学院博美斋、鞍山城市礼品展示中心有限公司、辽宁北斗云融网络运营有限公司、辽宁科学技术出版社、大连傲创文化有限公司等多家文创企业签订合作协议，总入库数量 3.6 万余件，配合全年展览研发 197 个种类的文创产品。

为了配合辽博历史上规模最大的特展"和合中国"展览，本馆联合辽宁文化创意产品研发中心紧扣展览主题，甄选创作元素，研发推出"和合"系列文创新品百余种。运用新锐设计、非遗技法、精工手作，通过创新创造，续写国宝故事，解读"和合精神"，让悠悠古风、和合文化走进千家万户。此次文创产品研发注重根植文化，贴近生活，首次推出食品类文创，引进缂丝、皮雕手作类产品。

"八方容华"和合茶礼，是以此次展出的元青花松竹梅纹八棱罐为创作元素，通过与非

01

02

03

04

05

遗传承人王永亮工作团队合作，对比原文物按比例缩小，精工细作，上部形成新的罐盖，力求复刻国宝神韵，用现代工艺制作成茶叶罐，融入茶文化，形成器物与茶品的融合，强调人与自然和谐相生，体现和谐的生态观，展现了器物之美、精神之美。

"和合"茶具系列，提取展出文物中的荷花、莲蓬为创意元素，研发制作出快客杯、闻香杯、三合盖碗等。荷花别名中国莲，为花中君子，象征爱情、代表清廉、喻示吉祥、意比和合。产品创意紧扣展览人心和善、明德修身的主题，涵养内心端正，提高道德修养。

06

07

08

09

10

11

12

01～03 食品类文创
04 缂丝类文创
05、06 皮雕类手作
07 『八方容华』和合茶礼
08～12 『和合』茶具系列

另外，从玉猪龙、宋徽宗《草书千字文》、清徐扬《姑苏繁华图》等展出的文物中提取创意元素，推出服饰类、饰品类、邮品类、文具类等常规文创品。

01

02

辽博通过"又见大唐""唐宋八大家主题文物展""和合中国"等众多现象级大展带动了文创的快速发展，文创的创新发展也为辽博注入了新的发展活力。两者相辅相成，成为博物馆可持续发展不可或缺的动力。

在纸质品印刷方面，与鼎籍文化创意公司共同研发多款印存折页本，此系列印存采用折页形式，共7折8面，特种纸印刷，手工装裱。正面上、下部分选取辽宁省博物馆最具有代表性的6幅馆藏书画全卷，中间部分为盖章区，其中穿插藏画中的元素，使版面灵活生动。背面为馆藏书画或局部图。印存共6款，其中《千字文》款、《姑苏繁华图》款、《清明上河图》款为辽宁省博物馆"和合中国"展限定款式；《瑞鹤图》款、《簪花仕女图》款、《古诗四帖》款为常规款式。此系列胶带及冰箱贴采用特殊油墨印刷，纸质细腻，印刷清晰，深受观众的喜爱。

01、02 饰品类文创
03～05 服饰、布袋文创
06、07 文具类文创
08 辽宁省博物馆藏《姑苏繁华图》邮票

01 印存折页本
02 纸胶带
03 滴胶冰箱贴
04 玉猪龙、簪花仕女、瑞鹤、缂丝蛱蝶精油皂
05 簪花仕女精油皂
06 《簪花仕女图》

二、文创交流与展示成果

　　为深入发掘文化文物单位馆藏文化资源，开发文化创意产品，弘扬中华优秀传统文化，提高文化文物单位服务社会能力，2022 年 8 月由中国文物报社主办，中国博物馆协会文创产品专业委员会、中国文物学会文化创意发展委员会协办全国文化创意产品推介活动，本馆的文创产品"精油皂"系列和"梅影疏横"手绘团扇参加了评选活动，并入围了全国博物馆文创产品百强单位。

　　这组"文蕴天香"精油皂系列文创产品，甄选辽博馆藏四件精品文物的元素，运用古法冷制技艺精制而成，最大化地保留了植物精油的活性成分，加之材料天然，使其具备淡斑、抗皱、抗氧化等滋养皮肤和愉悦身心的功效，带来视觉、嗅觉、触感等多重享受。其中簪花仕女造型精油皂选材自书画类藏品唐周昉《簪花仕女图》，宫装仕女翩然出画，静静伫立，肤如凝脂、触之柔滑，散发着淡淡的薰衣草香气，体态雍容、气度非凡。这件作品是工艺最为复杂的一件单品，小到发丝和发式等细节的处理都非常精细，开模数十次才最终有了这款产品的呈现，一经上架就受到了女性观众的喜爱。

04

05

06

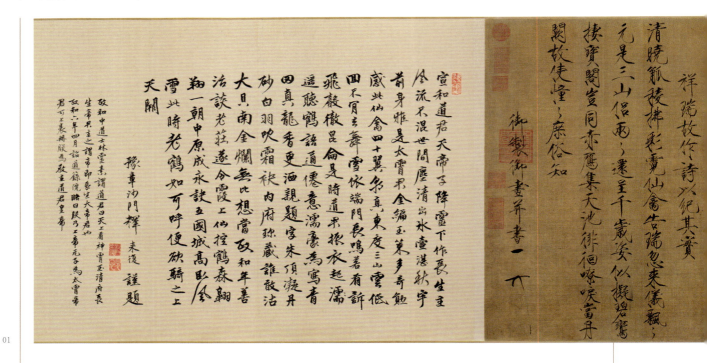

另外三件分别选材自书画类藏品北宋宋徽宗赵佶《瑞鹤图》、缂丝类藏品《山茶蛱蝶图》、器物类藏品红山文化玉猪龙。瑞鹤图款提取原作局部画面构图，蓝色天空中，瑞鹤盘桓于宫阙之上，意喻祥瑞。配以森系精油的香气，为作品增添了更加幽远的意境。缂丝山茶蛱蝶款，花蝶相映成趣、栩栩如生，洋甘菊香气相得益彰。玉猪龙皂，按照辽博藏品 1：1 比例复原，色彩、造型尽量贴近文物，凸显了 8000 年前神秘红山文化的厚重，选用牛樟香气，更添尊贵。四件作品，各有特色，精准抓住了原文物的精髓，现代工艺与古老文化碰撞，使文物焕发出新的生机与活力。

"梅影疏横"手绘团扇，作品取自辽博馆藏明代缂丝《梅花绶带图》轴。白色绢质扇面为底，仿若皑皑白雪，手绘点点梅花红妆淡抹，梅花、白雪、瑞鸟，成就了一幅"竹园深静、梅开雪落"的美好景致。画作笔走春风、一气呵成，不仅保留了原文物缂丝的纹理感，更平添了几许灵动，双面可视、浑然天成。梅花自古就有传春报喜、吉祥平安的意涵，作品很好地传递了心中有暖、岁月无寒的美好祝愿和期盼。这件

改知壬辰上元之次夕忽有祥云拂郁
低映端门众皆仰而视之倏有群鹤
飞鸣于空中仍有二鹤对止于鸱尾
之端颇甚闲适余皆翱翔如应奏节
往来都民无不稽首瞻望叹异久之

作品的特殊之处在于，它是
由辽宁地方非遗民间手工业
者创作而成。他们作为辽博
民间手工艺创作者扶植计划
中的一员，几年来一直活跃
在辽博提供的展示平台上，
运用优秀的传统手工技艺诠
释文物之美，成为辽博定制
类文创的特色之一，颇受众
多年轻观众的喜爱。

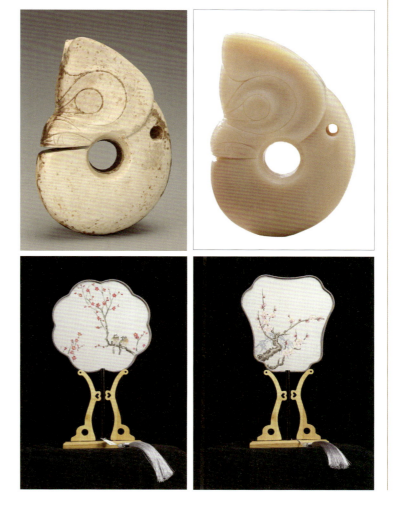

07、08　『梅影疏横』手绘团扇
06　玉猪龙精油皂
05　玉猪龙
04　缂丝山茶精油皂
03　缂丝《山茶蛱蝶图》册页
02　瑞鹤精油皂
01　《瑞鹤图》

2022 年，按照中国博协文创专委会的部署和要求，本馆积极参与专委会组织的各项工作，其中协助集安市边防部队在驻地建设"文博文化展示空间"，为边防军指战员赠送本馆文创产品及出版物。

2022 年 7 月，本馆积极参加由中国博物馆协会文创产品专业委员会举办，吉林省博物馆协会、吉林省博物院、延吉市博物馆承办的"博物馆文创中国行之走边防"活动，为边防营区驻边战士和当地中小博物馆赠送文创产品及出版图书。

2022 年 12 月，本馆参加了由中心统一部署的第十八届中国（深圳）国际文化产业博览交易会（以下简称"文博会"）。作为国家级、国际化、综合性文化产业博览交易会，文博会为中国文化产业的高质量发展注入了强劲动力。用先锋精神与开放品质勾勒出文化与经济同向并进的美好图景，中国文化也在"展""城"互动的融合创新中从专业展台走向世界舞台。本次参展，本馆通过文创产品展示辽宁地方文化特色，推动文化与科技融合、文化与旅游融合，宣传辽宁文化产业成果。

01

02

03

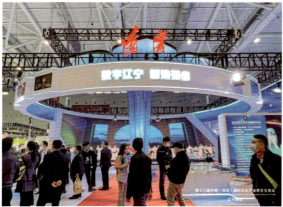

04

05

06

07

01 中国博物馆协会文创产品专业委员会和驻集边防部队发来的感谢信

02 2022年中国博物馆协会文创产品专业委员会『博物馆文创中国行之走边防·延边行』活动现场

03～05 第十八届中国（深圳）国际文化产业博览交易会辽宁展区

06 辽博参加第十八届深圳文博会辽宁展区部分参展文创产品展示

07 辽宁公共文化服务中心党委书记、主任甄杰在辽宁展区与参展工作人员交流

1. 无意争春——中国古代花鸟画展

参展件数： 5件／套

展览时间： 2022年4月8日至7月3日

展览场地： 旅顺博物馆

展览情况：

　　花鸟画，是以动植物为主要描绘对象的东方传统画科，它通过对花、果、鸟、兽等的描绘，抒发了画家的思想感情，表达了对自然的热爱，是当今绘画分类中的重要一类。"无意争春——中国古代花鸟画展"是旅顺博物馆"花鸟、人物、山水"系列展中的第一个展览，此次展览分为两期。辽宁省博物馆作为本次展览的协办单位，馆藏5件绘画作品在第二期（6月3日至7月3日）展出，其中一级品1件／套。

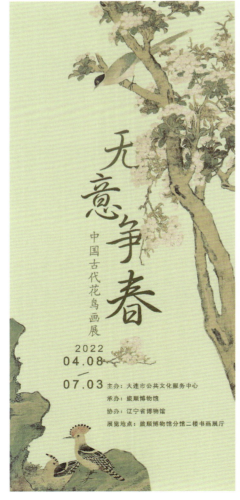

01 展览海报

02、03 展厅局部

04 明 吕纪《狮头鹅图》

2. 知·味——两汉魏晋时期辽宁地区的饮食文化

参展件数：80件/套

展览时间：2022年6月20日至12月30日

展览场地：大连汉墓博物馆

展览情况：

民以食为天，我国古代饮食文化源远流长。作为中国饮食文化史的重要阶段，两汉魏晋时期是人们追求烹饪技术、饮食文化逐步走向多元的起点。此次展览以两汉魏晋时期辽宁地区饮食结构、饮食方式、饮食餐具的多样性等方面作为切入点，将辽宁地区的相关考古出土文物整理出来，通过这种独特的形式展现辽宁地区独特的饮食文化、地域文化。展览分为"寻遍珍馐""炮制佳肴""啖味美器"三个单元，共展出文物80件／组，同时辅以丰富的图文资料、生动的看板故事、有趣的知识讲解，全面系统地为观众解读两汉魏晋时期辽宁地区的饮食文化。通过展览，人们可以了解丰富的饮食结构与食材、科学多样的饮食方式、延续至今的用餐礼仪，而两汉魏晋时期的辽宁人在生活的点滴之中为世人展现了当时饮食文化面貌，也为人们了解"有滋有味"的辽宁增添了别样"味道"。

展览为大连汉墓博物馆向本馆的借展项目，展览深受大连地区观众的关注与喜爱，社会反响强烈，获得一致好评。

02

03

展览现场

01

02

3. 风樯阵马 笔力扛鼎——王铎书法艺术展

参展件数：8件/套

展览时间：2022年7月8日至9月12日

展览场地：河南博物院16号展厅

展览情况：

　　书法是中华民族独创的一种艺术形式，它不仅与中国绘画同源，相辅相成，更蕴含许多的优秀思想理念和审美态度，比如自然优雅的人文精神，上善若水与兼容并包的气度胸怀，效法先贤和开创自我风格的辩证统一。书法艺术是中国哲学、东方文化与华夏民族精神的象征，是中华民族的优秀传统文化之一。

　　展览精心遴选了20家文博单位近80件/套文物，涵盖王铎早、中、晚三个时期代表性的书法作品和传世拓本，以及交友同道的部分作品，荟萃一堂，按"法古摹圣""探径寻己""达观立帜""文友书作"四个部分展示，不仅反映了特定的时代风格和审美取向，更展现出书法家执着的艺术追求和鲜明的主体精神。

　　辽宁省博物馆共8件/套文物参加此次展览，一级品1件/套。

03

04

05

06

07

4. 竞出东方——中国古代体育文物特展

参展件数： 3件/套

展览时间： 2022年7月21日至10月23日

展览场地： 四川博物院

展览情况：

　　"竞出东方——中国古代体育文物特展"集结了19个省（市）50家文博单位的共300余件珍贵文物，其中一级文物68件。展览以文物为实证，辅以图文及多媒体展项，挖掘中华古代体育之源，解析古代体育之礼、武、戏、力、艺所体现的文化和人文精神，期愿观者在感受中华博大精深、源远流长的体育文化的同时，感悟华夏民族千帆竞发、生生不息的内在动力。

　　辽宁省博物馆共3件/套文物参与此次展览。

01

01　展览海报

02　参展文物　元 铜象棋子

03、04　展厅局部

03

04

5. 玉·见文明——红山·良渚文化文物精品展

参展件数：7件/套

展览时间：2022年8月25日至10月10日

展览场地：内蒙古博物院

展览情况：

　　红山文化是距今约 6500 年至 5000 年的新石器时代文化，广泛分布于西辽河流域，因内蒙古赤峰红山后遗址而得名；良渚文化是距今约 5300 年至 4300 年的新石器时代文化，主要分布于环太湖地区，因浙江杭州良渚遗址而得名。红山文化和良渚文化是我国新石器时代西辽河流域和长江流域南北方两个不同的文化系统，是中华文明起源的重要实物例证。

　　由内蒙古自治区文化和旅游厅、内蒙古自治区文物局主办的"玉·见文明——红山·良渚文化文物精品展"以玉器文物为主，展出红山文化和良渚文化精品文物共计 280 余件，从红山文化、良渚文化发现、发达的玉文化和对中华文明起源的重要贡献三大部分进行展现。通过南北两地出土的精美绝伦、品类纷呈的玉器，共同见证中华文明多元一体格局的形成与发展。

　　辽宁省博物馆共 7 件 / 套文物参与此次展览。

02

6. 尚意千载——宋代法书特展

参展件数：3件/套

展览时间：2022年9月27日至10月28日

展览场地：湖北省博物馆

展览情况：

"尚意千载——宋代法书特展"由"宋代法书特展"和"当代临摹与创作展"组成。"宋代法书特展"展出的欧阳修、苏轼、米芾等宋代书法名家代表法帖展品来自故宫博物院、上海博物馆、辽宁省博物馆、吉林省博物院，包括苏轼《洞庭春色赋·中山松醪赋》、米芾《破羌帖跋赞》卷和《衰老(提刑殿院)帖》、米友仁《动止持福帖》、欧阳修《欧阳氏谱图序与夜宿中书东阁诗合卷》、吴琚《碎锦帖》等。此外还有湖北省博物馆藏拓片，其中包括杨守敬等名家旧藏。

"尚意千载——宋代法书特展"系列活动以古与今、精英与大众的对话视野，依托大众公共空间，将书法经典、创作、学术进行三位一体深度互动交融，其意义在于为当代书法创造性转化、创新性发展提供新的参照。

荆楚湖北是宋代尚意书法理论和创作实践的重要策源地和传播区域，"尚意千载——宋代书法主题展"系列活动在湖北的举办，必将对宣传湖北文化、推动湖北书法迈向更高层次产生积极影响。

辽宁省博物馆共 3 件／套文物参与此次展览，一级品 1 件／套。

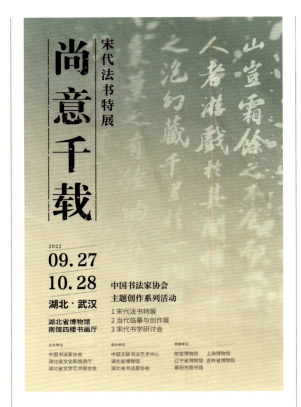

01

01　展览海报

02　宋　欧阳修《欧阳氏谱图序与夜宿中书东阁诗合卷》

03~05　展览现场

03

04

05

7. 高古奇骇——陈洪绶书画作品展

参展件数： 2件/套

展览时间： 2022年9月28日至12月20日

展览场地： 绍兴博物馆徐渭艺术馆

展览情况：

　　陈洪绶（1598—1652），字章侯，号老莲，明代浙江绍兴府诸暨枫桥镇陈家村（今诸暨市）人，著名书画家、诗人。2022年是陈洪绶逝世370周年，为弘扬中华优秀传统文化，展现绍兴深厚的人文底蕴，提升绍兴历史文化名城、东亚文化之都的辨识度，全力打造绍兴文化新高峰。

　　"高古奇骇——陈洪绶书画作品展"是国内首个全面展示陈洪绶一生和其艺术风貌的特展。展览发扬传统，以"高古奇骇"为题，"高古"是指从绘画本源上直追晋唐遗风；"奇骇"是指不同于世俗的奇特画风，艺术表达的立意不凡。该主题是对陈洪绶一生才艺的简明概括和高度肯定，属于首创。

　　此次特展联合了国内35家文博单位，是全国举办的陈洪绶临展中规模最大、藏品最优、参展单位最多的陈洪绶专题展览。

　　辽宁省博物馆藏陈洪绶《指蝶图》册页和《仕女图》轴参与此次展览。

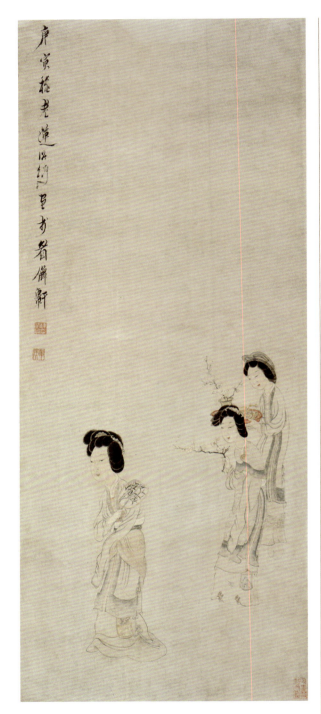

01

02

03

8. 高山仰止　回望东坡——苏轼主题文物特展

参展件数：7件/套

展览时间：2022年11月29日至2023年3月5日

展览场地：四川博物院

展览情况：

"高山仰止　回望东坡——苏轼主题文物特展"以"东坡真迹"及其相关文物为核心展品，分为序、"一门三杰孕于蜀"、"跌宕起伏的一生"、"千年一遇的全才"、"人间有味是清欢"、尾声"东坡颂"六个板块，展示了苏轼在治国理政、文学艺术等方面的成就及其精神品质。展览展出来自故宫博物院、中国美术馆、上海博物馆、吉林省博物院、辽宁省博物馆、四川博物院等 39 家博物馆珍藏的苏轼主题相关文物 274 件，其中一级文物达 39 件。

辽宁省博物馆共 7 件 / 套文物参与此次展览。

02

03

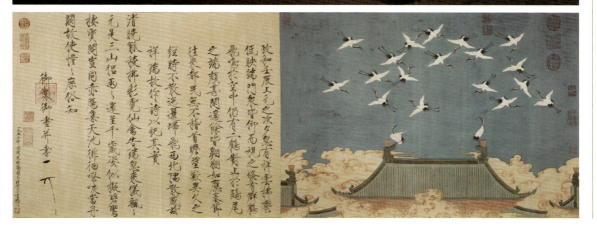

04

9. 璀璨星光——凌家滩文化展

参展件数：5件/套

展览时间：2022年12月7日至2023年3月26日

展览场地：安徽博物院（新馆）五楼

展览情况：

　　展览遴选故宫博物院、安徽省文物考古研究所、浙江省文物考古研究所、辽宁省文物考古研究院、辽宁省博物馆、南京博物院、安徽博物院等7家文博机构收藏的凌家滩、红山、良渚、北阴阳营、崧泽、薛家岗的玉器、石器、陶器等展品共计194件，以"秘境重现""共沐春华"两个篇章呈现凌家滩聚落的文化面貌。展览设计中融合大量多媒体展示、互动项目与打卡场景，将现代科技元素融入展览，使观众在寓教于乐中感受凌家

滩先民创造的灿烂文化，领悟凌家滩先民的智慧。本次大展不仅是对凌家滩遗址出土文物的首次集中展示，还是凌家滩文化和史前同期其他文化交流互鉴的一次对话，更是凌家滩考古发现与研究对中华文明探源的一次实证。

　　辽宁省博物馆共 5 件／套文物参与此次展览，一级品 2 件／套。

02

03

04

展览现场

新闻宣传

日新月著，行远自迩。为深入学习宣传贯彻党的二十大精神，全面落实习近平总书记关于社会主义文化建设的重要论述，积极践行新时代文物工作方针，提高文物研究阐释和展示传播水平，广大文博单位发挥文物资源优势和媒体平台优势，不断提升文物传播力、影响力，各类优质宣传产品层见迭出。2022年，伴随着博物馆宣传工作的高质量发展，辽宁省博物馆也与时俱进、趁势而上。在辽宁省公共文化服务中心的领导下，深入挖

01

02

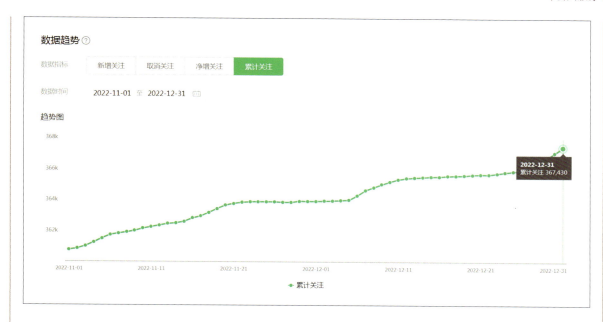

掘阐释文物价值，加强与各级媒体的合作，推动官方微信和官方微信公众号改版升级，借助新媒体平台讲好中国故事、辽宁故事，传承好展示好中华文明优秀成果。

数据显示，2022年辽宁省博物馆接待中央及地方到访媒体共计175次（家），提供到馆记者材料237次，网络媒体报道611条，广播电视媒体报道60余条，报纸媒体报道80余篇。官方微博全年共发送614条微博，阅读总量达807万，收获转评赞7907次，创作总字数累计66775字，粉丝总数达5.9万。官方微信公众号全年共发布各类文章319篇，累计阅读量约87.31万，累计关注人数达36.74万。2022年11月30日，辽宁省博物馆微信视频号开通并开始试运营，截至2022年12月31日，共发布视频13个，累计播放量达4.18万。

一张图片几行文字都是对生活的记录和回顾

2022年你共发送614条微博

创作总字数累计

66775字

相当于写了2部《诗经》

阅读总量达807万，收获转评赞7907次

2022年10月06日你发送的这条微博
是22年转评赞最高的一条图文微博

@辽宁省博物馆
2022年10月8日，"和合中国"展览将在辽宁省博物馆隆重开展，作为辽博史上规模最大的特展，旨在通

01 文博之夜跨年直播大会活动中，辽宁省公共文化服务中心副主任、辽宁省博物馆馆长王筱雯通过视频向广大观众送出新年祝福

02 『和合中国』展览开展之际，辽宁省博物馆党委书记、副馆长刘宁接受媒体采访

03 2022年，辽宁省博物馆官方微信公众号累计关注数量

04 2022年，辽宁省博物馆官方微博的『创作者年报』

主题鲜明　弘扬正能量

做好迎接党的二十大主题宣传工作，围绕"和合中国"特展等文化活动开展对内对外和线上线下宣传，充分展现中华优秀传统文化的博大精深，以高质量的展览与宣传服务迎接党的二十大胜利召开。作为辽博史上规模最大的特展，"和合中国"在省文化中心的统筹领导下，各项宣传工作初见实效。

01、02　『和合中国』展览先导片

03　10月8日，央视新闻客户端推出《探辽宁省博物馆『和合中国』特展 赏文物之美》直播报道

04　10月8日，《光明日报》官方微博在＃手绘国宝大赏＃话题活动中发布的『和合中国』展览展品花树状金步摇的手绘图

图文　评论

央视新闻　　　　　　　　　　　　　　　　　　　2022-10-08

辽博史上规模最大的特展——"和合中国"展览今天（10月8日）在辽宁省博物馆开展，展出"和合"文化有关文物、古籍402组件。其中，《五代董源夏景山口待渡图》、《北宋宋徽宗草书千字文卷》等辽博馆藏国宝级文物均有呈现。戳直播，来一场国宝之旅。（总台记者 郭威 曹志宇）

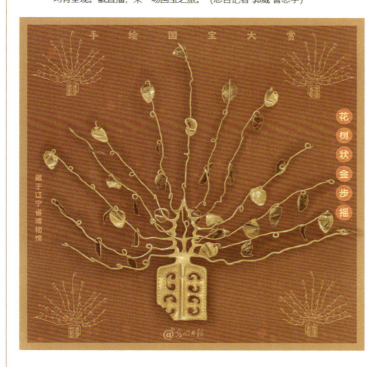

开展不到一周的时间里，报道总数就多达50余篇。其中，10月8日，央视新闻客户端推出《探辽宁省博物馆"和合中国"特展 赏文物之美》的直播报道；10月8日，《光明日报》微信公众号发表《"和合中国"展在辽宁省博物馆开幕》的文章报道，官方微博发布花树状金步摇这一展品的#手绘国宝大赏#图文推介；10月9日，《辽宁日报》第八版整版刊发了辽博"和合中国"展览的相关报道；10月12日，新华社客户端推出《先睹为快 88件一级文物在辽展出》的直播报道。

辽博官方微博发布的首条有关"和合中国"的微博推送，单条阅读量就达18.7万。中国文博、山西博物院、湖南博物院、陕西历史博物馆、吉林省博物院、河南考古等多家文博机构也通过微博与我馆互动，助力"和合中国"宣传。与辽宁日报·北国客户端、辽宁广播电视台等媒体共同推出的"动"见奇珍、一眼千年、"和合中国"问答记系列短视频更是令观众耳目一新。一时间"和合中国"刷屏了许多人的朋友圈，人们纷纷在微信、微博、小红书等平台转发、评论、点赞。

辽宁日报　WENHUAXINWEN 文化新闻　2022年10月9日　星期日
责任编辑：丁春凌　视觉设计：黄丽娜　检校：高　峰　张　勇　08

近半数文物首次展出

“和合中国”特展亮相辽博

本报记者　朱忠鹤

核心提示　10月8日，“和合中国”特展在辽宁省博物馆正式开展。在为期3个月的展览中，“和合中国”将通过古意盎然的文物之美，解读“和合”文化所蕴含的宇宙观、天下观、社会观、道德观，展现中华传统文化中的“和合”精神、文明价值，展示中华民族的独特精神标识，赓续深入骨髓的文化基因，在“和合”文化传承与涵养中增强文化自信。

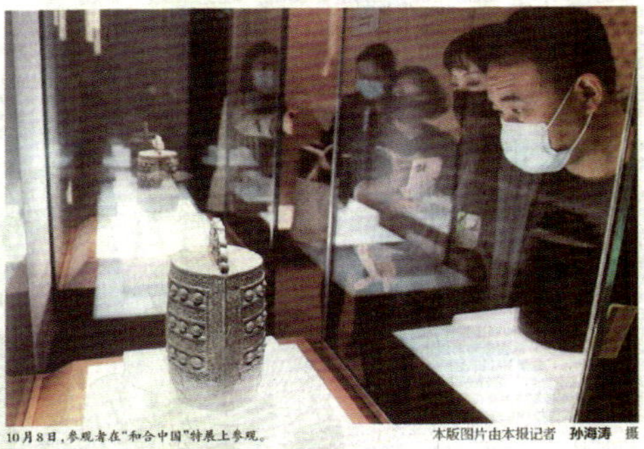

10月8日，参观者在“和合中国”特展上参观。　本版图片由本报记者　孙海涛　摄

88件一级文物同台展出

10月8日9时刚一开馆，不少观众就直奔位于辽博三楼的“和合中国”展厅。珍贵精巧的文物、独具匠心的展陈深深吸引了观众的目光。

“和合中国”特展由国家文物局与辽宁省委宣传部共同主办，省文旅厅（辽宁省文物局）、省公共文化服务中心、辽宁省博物馆承办，山西博物院、吉林省博物院、南京博物院等国内22家单位协办。

围绕“和合”这一主题，展览打破了以单一历史时间为轴线的展陈方式，综合运用彩陶、青铜器、瓷器、丝绣、书法、绘画、古籍、碑刻拓片等各类文物，以各自的时代和文化背景来分别阐释主题。

除了占据3个展厅、3700余平方米的展陈面积，“和合中国”规模之大，还体现在文物展出品类多、时间跨度大、地域分布广等方面。

记者了解到，此次展览共展出文物、古籍436件，其中一级文物88件/组。我省首次展出的文物197件/组，占到了展出文物总数的近一半。辽竹节形琥珀饰、东周嵌宝石金环饰、唐—宋回鹘文残片、清镀金玛瑙镶嵌望远镜等，均为首次展出。从国内多家博物馆外借的文物数量为121件/组（177单件）。

辽博馆藏五代董源《夏景山口待渡图》、北宋《宋徽宗草书千字文卷》、清徐扬《姑苏繁华图卷》、宋缂丝朱克柔《山茶图》、元织锦《百鸟朝凤图卷》、辽三彩釉印花太极图执壶，甘肃省博物馆藏东罗马鎏金银盘、宁夏回族自治区博物馆藏胡旋舞石刻墓门等国宝级文物将在展览中呈现。

此外，湖南博物院藏《唐摹兰亭序（黄绢本）》、吉林省博物院藏《金张瑀文姬归汉图》、南京博物院藏《明坤舆万国全图》等真迹也在展览中后期展出。

为了让观众欣赏到更多的精美文物，在为期3个月的展览中，部分重点展品将以分期展出的形式出现。比如清徐扬《姑苏繁华图卷》与明仇英《清明上河图》，北宋《宋徽宗草书千字文》与唐欧阳询《千字文》，宋缂丝朱克柔《牡丹图》与宋缂丝朱克柔《山茶蛱蝶图》等，每次观展，观众都将有新的体验。

宋徽宗《千字文》全部展开

“和合中国”特展推出了多个首创之举。一套距今2000多年、共计13面的战国石磬，30多年前出土于山东省阳信县一座战国墓葬中。此次特展上，这套礼乐器被完整地从阳信县博物馆借展至辽博，这也是该套石磬首次以成套方式与观众见面。

宋徽宗除了自创并擅写“瘦金体”外，他还用草书书写过《千字文》。在此次“和合中国”特展中，为了让观众领略与感受宋徽宗书写草书时的一气呵成，策展人特意将长达11.7米的草书《千字文》长卷全部铺展，观众可以在飞转腾挪、行云流水间，品读40岁的宋徽宗在书写这幅作品时的心境。

与宋徽宗草书《千字文》一样全部展开的，还有清乾隆年间由宫廷画家徐扬用时3年创作而成的《姑苏繁华图卷》。这幅画作反映了“康乾盛世”苏州城繁华、热闹的城市景象。与《清明上河图》一样，《姑苏繁华图卷》也是一幅风俗画，不过，它的尺寸长达12米，较张择端的《清明上河图》长了一倍多；整幅画里，画了4500余人，人数也远远多于张择端的《清明上河图》。

与观众积极互动也是“和合中国”特展的一大亮点。展览中，元代《扁舟傲睨图轴》展现的是文人雅士欲乘舟离岸、畅游水上的悠闲画面。画中小船被山丘遮挡住了部分船体，为了让文物活起来，展览采用数字化手段，让小船在电子屏幕中荡漾。随着水波浮动，被遮挡住的那部分船体也徐徐出现在观众面前，直至整条小船完整地出现在画面中。

数字化场景营造出现在了“和合中国”展览中。元代画家王蒙的《太白山图卷》描绘的是浙江省太白山及周围景致。山峦叠嶂，绵延不绝，小桥流水，高拱长桥，全篇用笔繁密，以朱砂、花青点染，技法高超，别具一格。观众除了现场欣赏这幅元代画作外，还可以坐在特意设置的冥想空间中，静观太白山一年四季的风景轮换，感受太白山白昼与黑夜的交替。近听悠扬曲乐，远看白鹭翱翔，观众可用另外一种方式感悟和合之美。

436件国宝级展品诠释中国智慧

本报记者　朱忠鹤

天人合一

“天人合一”思想起源于先秦时期，即把天地万物视为不可分割的整体，肯定宇宙万物的内在价值，把人与自然看作是浑然一体，体现以人为本的价值取向和人文精神。

此次“和合中国”特展共展出文物、古籍436件。在第一部分“天人合一”板块中，两大单元分别从远古纹饰、鸟兽之形、星空、远古器乐、信仰等几个方面诠释人类与天地之间的统一和谐。

在新石器时代，我国多个地方都出土了绘制有远古纹饰的陶器，比如我省牛河梁遗址出土了勾连涡纹彩陶罍，江苏省出土了花叶纹彩陶钵等。这些纹饰虽然抽象，但都反映了先民对自然的体察。记者在展览现场看到，虽远隔千里，但不同地区出土的新石器时期的彩陶纹饰，可以找寻到彼此之间的关联。

中国人对玉器的喜爱历史久远。在“天人合一”板块中，那些距今3000多年、模仿鸟兽和昆虫造型的玉器，用实物的方式反映了自古以来，人与自然的和谐相处。三门峡博物馆的玉象、虎形玉佩、玉鸬鹚等，山西博物院的鸮卣等，都是最好的见证。

值得一提的是，作为红山文化典型器物，同时也是辽博馆标的玉雕玦形龙也出现在展厅里，观众可以一饱眼福。

我省牛河梁遗址出土的勾连涡纹彩陶罍反映了先民对自然的体察。

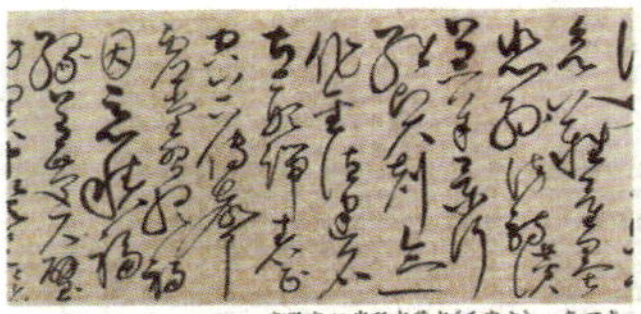

宋徽宗40岁所书草书《千字文》，一气呵成。

人心和善

自古以来，和善、友爱在中国人的价值观念中根深蒂固，人心和善的道德观是中华传统文化伦理道德思想的核心组成部分，也是中国“和合”文化的一个重要组成部分。

为了凸显“人心和善”这一主题，展览中用一些珍贵的书画作品加以诠释。记者在现场看到，由宋高宗赵构书写、宫廷画家马和之画的《鲁颂三篇图卷》前有不少观众驻足。这幅作品以《诗经》为题，并绘制了一系列图释，后世称之为《毛诗图》。全卷分为三段，内容为《诗经·鲁颂》中《駉》《有駜》《閟宫》三篇，右书左画，各幅相间。《鲁颂·駉》通过描绘牧马的盛况来赞颂鲁国国君鲁僖公俭以足用、宽以爱民、务农重谷。

“人心和善”需要知行合一，在“和合中国”特展中，将先后展出两位不同朝代法家书写的《千字文》，一位是被称为“初唐四大家”之一的欧阳询，一位是宋徽宗。观众在欣赏书法之美的同时，可以透过文字感受到《千字文》的独特魅力。

被称为“明代四大家”之一的唐寅，在影视剧中更多以“唐伯虎”的名字出现。此次展出的《草屋蒲团图》是唐寅晚年作品，整幅作品层次丰富，笔墨灵活含蓄，反映了人坐天地间，修身养性的闲适画面。

和而不同

儒家所倡导的“和而不同”理念是整个展览的第三大部分。特展用书法、缂丝等多种文物，生动诠释了这一理念。

记者在现场看到，元织锦《百鸟朝凤图卷》摆放在重要位置。这幅织锦作品使用多色丝线及金线和孔雀羽线织造。图像以凤鸟为主体，其他鸟类、花卉，呈散点式分布。鸟类造型优美，配色华丽，织造技术高超，是元代织锦的代表作之一。

传说中凤鸟本为一只普通的小鸟，用自己采摘积攒的果实拯救了濒临饿死的其他鸟类。这些鸟类为报恩各自献出一根最美丽的羽毛给凤鸟，于是凤鸟成了最漂亮的鸟中之首。故事体现了群体间的感恩与互助，和谐共生，合作共赢的生存准则。

元织锦《百鸟朝凤图卷》（局部）再现了花鸟画的神韵。　本文图片由辽宁省博物馆提供

协和万邦

中华文明作为人类历史上唯一一个未曾中断的古老文明。在几千年来的历史延绵中，“和合”精神蕴含了中华民族天下大同的国家观和民族观，并且天下大同成为“和合”精神的价值追求。

“和合中国”特展并没有将目光局限在中华大地，而是用一批带有浓郁异域风情色彩的文物，展现我国与其他国家的经济文化交流以及“和谐万邦”的理念。

绵延万里的丝绸之路是中国与世界的沟通之路、友谊之路和交流之路。这条路上行走的人们来自四面八方，为文化的交流和经济的往来带来了繁荣。展览中，山西博物院的“胡人吃饼骑驼俑”、我省朝阳市唐蔡须达墓出土的“丝囊骆驼俑”、陕西历史博物馆（陕西省文物交流中心）的“三彩胡人骑马俑”等文物，佐证了丝绸之路的繁忙与繁荣。

我省朝阳唐须达墓出土的“丝囊骆驼俑”佐证了丝绸之路的繁荣。

除了骆驼俑，国内其他一些地区出土的带有异域风格的文物也佐证了历史上东西方经济文化交流的频繁。宁夏回族自治区固原博物馆的“鎏金人物故事纹银壶”、甘肃省博物馆的“东罗马鎏金银盘”、湖南省博物馆的“长沙窑青釉贴花舞蹈人物壶壶”等，都有着独特的魅力。

文化七日谈 QIRITAN

让“和合”理念代际相传

朱忠鹤

辽宁省博物馆“和合中国”特展10月8日正式启幕了，不论是展出的文物类别、数量，还是文物首次展出比例，都开创了辽博历史新纪录。不过，在我看来，“规模最大”更多体现在对“和合中国”主题的诠释上。

作为中华优秀传统文化的核心，“和合”体现着华夏先民对自然与世界的认知、对礼仪之邦血脉的延续。换言之，中国之所以是中国，是囊括了“和合”在内的中华优秀文化的综合使然。

据考证，“和”的概念始于商周时期，在甲骨文和金文中，“和”常常与“龢”字通用，后者的本义指的是声音相应和。在一些学者看来，甲骨文和金文中的“龢”字，就是乐器和谐奏响，这也是为什么“和合中国”特展中，将成套的编钟与石磬摆放在显著位置。以物释字、用字表物，二者相得益彰。“合”字同样始见于甲骨文，它的本义为盖合，后引申为聚合、结合、符合等含义。

虽和器乐相关，但“和合”二字在几千年的历史沿革中，其内涵得到了不断扩充与丰富。不论是与天地参，认知自然，还是乐山乐水，谐和自然，我们的先民很早就已经知晓人类与自然最终要和谐统一。

考古学家张光直认为，中国的文明起源与西方的文明起源分属两种不同的类型，即“连续性”和“破裂性”。在中国人看来，人类文明是一个有机的整体，宇宙中所有的存在都是普遍联系的，文明的发展依赖于人与人的关系。

比如，五代南唐时期画家董源创作的绢本淡设色画作《夏景山口待渡图》，于宁静中见动势，在和谐里见统一，充分反映了人与自然的和谐一致。而在“孝承家和”单元里，则通过南宋的《摹孝经图卷》、明代文徵明《顾生孝感记图卷》等文物，凸显了“和合”文化中人与人之间的孝道传承。

从诞生到发展，再到不断外延，作为我们文化基因之一的“和合”思想，沿着历史时间轴线，不断渗透到生活中的方方面面，代际相传。

“和合”蕴含着天人合一、万物和谐的思想。和而不同、兼收并蓄是我们追求的社会文明价值，明德修身、人心和善也是中国传统文化尊崇的道德操守，而秉承协和万邦、文明互鉴的价值理念更我们进行平等交流与有机融合的基础。

换言之，“和合”提供了一个读懂中国的切口。

馆长数珍

《夏景山口待渡图》

“和合中国”是我们精心策划的一次特展，围绕中华优秀传统文化，我们从辽博内部精挑细选了一批珍贵的文物。这些文物从不同角度、不同侧面，以不同形式反映着“和合”思想。这其中，就包括辽宁省博物馆珍藏的董源所绘的《夏景山口待渡图》。

大家都知道，董源是五代南唐画家，与李成、范宽并称北宋三大家，在明代获得了山水画“南宗之祖”的赞誉，是中国山水画发展的关键人物。他笔下的山水画多写江南实景，不为奇峭之笔，云雾显晦，峰峦出没。他的存世作品较少，且多有争议，这其中《夏景山口待渡图》是最值得研究的一件。这幅画作描绘了江南夏季景色，画面中峰峦叠嶂，草木茂密，绿树成荫，渔翁游客出没其中，卷尾绘出一人等待渡船，点出画卷主题。画卷静中寓动，洋溢着乡村的宁静气息。此卷技巧极为高超，近山以披麻皴为主，远山多施苔点，画树笔法变化多端，与自然中的真山真水十分吻合。

该图曾入南宋内府、元内府，后相继为明项元汴、清耿昭忠、索额图及清内府收藏。上世纪20年代溥仪将之携带出宫，辗转入藏辽宁省博物馆。希望这件具有历史价值、艺术价值、文物价值的画作，能带给观众美的视觉享受。

——辽宁省博物馆馆长　王筱雯

褚遂良所书《兰亭序》

在这次“和合中国”特展中，展出的旧题为褚遂良所书《兰亭序》，是我们湖南省博物馆收藏的重点文物。这件文物质地为绢本，深褐色，也称为“黄绢本”。其纵24.5厘米、横65.6厘米。在正文末行“斯文”之下有“米芾印”“子由”二朱文印，印文已模糊不太清晰，系后添，托名宋人米芾、苏辙。卷前引首有明代著名书画家、鉴赏家董其昌题“墨宝”二字（残存），系拼配。卷中有明代书画鉴赏家项元汴藏印甚多。卷尾依次有明代许初，清代王澍、翼天钧、唐宇肩等人的跋。

本卷是王羲之《兰亭序》存世绝少数（5本）精好的早期临摹墨迹本之一，是拓书人通过精良的材料、繁复的程序和高超的技艺，将原帖的每一个细节纤毫毕现地再现出来，也充分地展现了王羲之高超的书法技巧和《兰亭序》的书写过程乃至情绪，其还原度要远远胜过存世的其他早期临摹本。

——湖南省博物馆馆长　段晓明

《飞天童子图》绢画残片

在此次“和合中国”特展中，共展出几件旅顺博物馆的珍贵文物，分别是《阿弥陀净土变相图》绢画残片、《飞天童子图》绢画残片、赭地联珠鹿纹锦片、两件泥塑彩绘文官俑、犍香贴塑花纹陶片，以及唐代《飞天童子图》绢画残片和唐《剃度图》画残片。

这几件文物中，除了犍香贴塑花纹陶片外，其他均属于唐代。其中，前两件是国家一级文物。

《飞天童子图》绢画残片出土于我国新疆地区，形象生动，做飞翔状的童子全身赤裸，眉间祸贵，颈佩项饰，臂绕红色帔帛，双手持物，手腕和脚腕处皆配钏，肢体舒展，自然向上弯曲，四周祥云环绕，飞天及其造型都充满了西方文化色彩，但那种帔帛飘飘的表达方式又让我们仿佛看到了“吴带当风”的绘画风格，代表了当时东西方文化的交融与交流。

——旅顺博物馆馆长　王振芬

中国文博 👑

2022-10-9 来自 微博 weibo.com

#约会博物馆#10月8日，"和合中国"展览在辽宁省博物馆开展，作为辽宁省博物馆历史上规模最大的特展，此次展览展期三个月，共有三个展厅，展厅面积共3738.1平方米，展线长度387米。展出"和合"文化有关文物、古籍402件/组（436单件），其中一级文物88件/组，在辽宁省首次展出的文物197件/组，外借文物121件/组（177单件）。此次展览旨在通过古意盎然、彬蔚称盛的文物之美，解读"和合"文化所蕴涵的宇宙观、天下观、社会观、道德观，展现中国传统文化中的"和合"精神、文明价值，展示中华民族的独特精神标识，赓续深入骨髓的文化基因，在"和合"文化传承与涵养中增强文化自信。收起

 7   💬 5   👍 17

山西博物院

2022-10-7 来自 HUAWEI P40 5G

10月8日，"和合中国"展览在@辽宁省博物馆 对外展出，作为辽博史上规模最大的特展，旨在通过古意盎然、彬蔚称盛的文物之美，解读"和合"文化所蕴涵的宇宙观、天下观、社会观、道德观，展现中国传统文化中的"和合"精神、文明价值。山西博物院藏的鸮卣和胡人吃饼骑驼俑在本次展览中亮相！ 🔗网页链接 收起

🔁 9   💬 4   👍 19

湖南博物院 👑

2022-10-19 来自 微博 weibo.com

湖南博物院藏文物【唐摹兰亭序（黄绢本）】，将于@辽宁省博物馆 "和合中国"展览中后期展出，敬请期待呀~

河南考古 ✓

2022-10-6 来自 微博轻享版

转发微博

@辽宁省博物馆 ✓

2022年10月8日，"和合中国"展览将在辽宁省博物馆隆重开展，作为辽博史上规模最大的特展，旨在通过古意盎然、彬蔚称盛的文物之美，解读和合"文化所蕴涵的宇宙观、天下观、社会观、道德观，展现中国传统文化中的"和合"精神、文明价值，展示中华民族的独特精神标识，赓续深入骨髓的文化基因，在" ...展开

01 10月9日，《辽宁日报》第八版整版刊发「和合中国」展览相关报道

02 多家微博机构通过微博与本馆互动，助力「和合中国」宣传

03 与辽宁日报·北国客户端共同推出的「「动」见奇珍」系列短视频

04 与辽宁广播电视台北斗融媒共同推出「一眼千年」系列短视频

聚焦热点　抒家国情怀

随着北京冬奥会的开幕，辽博结合年初举办的"逐梦冬奥——冬景绘画暨体育文物特展"开展主题宣传活动，并积极参与＃我祝冬奥健儿虎虎生威＃＃冰雪辽宁喜迎冬奥＃等微博话题活动，以专题图文、祝福海报等形式为冬奥健儿加油助威。

辽宁历史文化底蕴深厚，文物资源丰富，如何为加快建设文化强省提供强大助力，一直是辽博在宣传工作中探索和努力的方向。2022 年，通过官方微信公众号陆续推出了 5 期"美丽辽宁"宣传海报、12 期以探秘古代辽宁为主要内容的趣味视频、10 期介绍辽宁古生物化石精品的图文内容，15 期以"品饮食文化，话家乡历史"为主题的展览解读视频，多重维度展示辽宁文化的独特魅力。以"5·18 国际博物馆日""文化和自然遗产日"为契机，携手媒体平台与文化机构推出"我们都爱博物馆"主题海报，以及融合创新数字科技和独特文化创意的《美人侧影》动态海报和视频，共同呈现一场来自辽宁国宝的视觉盛宴。

01

02

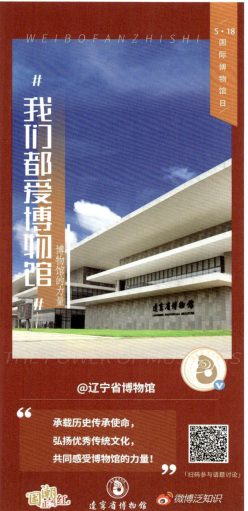

03

04　05

01 辽博官方微博发布的『逐梦冬奥』冬景绘画暨体育文物特展』相关博文，单条阅读量达20万

02 本馆参与＃我祝冬奥健儿虎虎生威＃话题活动发布的海报

03 围绕『知味——两汉魏晋时期辽宁地区的饮食文化』展览，与辽宁日报·北国客户端共同推出系列短视频，邀请观众一起品饮食文化、话家乡历史

04 本馆参与＃我们都爱博物馆＃话题活动发布的海报

05 以『出形入画』为主题，辽博与谷歌艺术与文化携手推出的《美人侧影》动态海报和视频

媒体合作　助改版升级

一年来，辽博不断深化与各级媒体的合作，全年多次收到栏目邀约，参与大型合作项目，包括与新华社合作拍摄"听，文物在唠嗑""让文物活起来"栏目，与央视国际在线合作推出辽博五大常规展览直播，与中央广播电视总台合作拍摄"诗画中国""寻古中国"栏目，与辽宁国际传播中心、北国网合作推出"辽宁有国宝"栏目，与辽宁电视台青少频道合作推出"国宝讲述人"栏目，与辽宁电视台合作拍摄"大奉国寺"栏目，与内蒙古电视台合作推出"馆长，请亮宝"节目。

从展览到藏品，深入挖掘阐释文物价值，打造传播精品内容，促进官方微博和官方微信公众号的改版升级。在"两微"平台上，于跨年之际推出的 4 期"江口沉银"展览看点分享，暑期推出的 6 期"华彩——辽宁省博物馆藏珐琅器专题展"系列图文，全年陆续推出的 13 期"当节气遇上文物"系列视频等内容都取得了良好的宣传效果，吸引了包括《中国文物报》在内的各级媒体的转载报道。

通过"两微"升级改版，构建多元内容，打造特色栏目。截至 2022 年底，已经构建以传播文物知识为内容、以温情陪伴为基调的话题与栏目"辽博日历""辽博周历"，主打线上文物欣赏的微信栏目"辽博在线"和主打馆内展览推介的微博话题#辽博展览#。另外，尝试推出 4 期"撷萃摭珍"系列短视频，11 期"江山如画"展览文物欣赏短视频，以期凭借精练的内容、精美的制作、精彩的配乐和便于操作的观看方式来打造经典短视频栏目。

01

02

03

04

05

06

01 新华社『听，文物在唠嗑』节目

02 辽宁省博物馆副馆长董宝厚接受新华社『听，文物在唠嗑』节目采访

03 新华社视频直播『人·境——古代文人的园中雅趣』展

04 新华社视频直播『和合中国』展览

05、06 北斗融媒、辽宁卫视『第一时间』、辽宁省博物馆联合推出的『当节气遇上文物』系列视频

07 2022年8月30日《中国文物报·鉴赏专刊》第6版转载本馆微信公众号发布的关于馆藏珐琅器专题展的推介文章

08 本馆制作发布的『撷萃摭珍』系列短视频

09 本馆推出的『江山如画』展览文物欣赏短视频

假日温情　显人文关怀

每逢节假日，除了及时在线发布开放安排，辽博还在"两微"平台上推出不少洋溢着"文化味"的专题内容。跨年之夜，辽博参与"文博之夜"微博直播活动，并以"2022，辽博和你在一起"为主题推出视频内容；春节期间，官方微博先后参与＃博物馆里的虎元素＃＃虎虎发红包＃等话题活动，官方微信公众号从大年初一到大年初五不间断推送，其中"看展览　说虎年"系列内容被"学习强国"学习平台选登。

在妇女节、劳动节、儿童节、端午节等时间节点推出单期或多期线上内容，将深奥的文物说明和节日知识融入精美的图文推送中，为公众营造浓厚的节日氛围。在中秋节、教师节、重阳节发布主题海报，利用可视化元素展示浪漫多彩的中国文化。为了给公众带来更多元、更完善的线上体验，辽博还在春节前后、"五一"假期通过官方微信公众号推介相关文创，吸引人们进一步了解文物，拉近公众与博物馆的距离。

01　本馆参与＃博物馆里的虎元素＃话题活动发布的海报

02　本馆参与＃虎虎发红包＃话题活动发布的海报

03　壬寅虎年新春生肖文物展获得『学习强国』全国平台的关注和推介

04　中秋节期间，本馆制作发布的《明月千里，丹桂飘香，辽博邀您共话中秋！》视频

05　本馆设计发布的『双节』祝福海报

06　本馆设计发布的重阳节主题海报

金月宫镜
辽宁省博物馆藏

人们常以"玉兔""蟾蜍"来指代月亮。

2022年媒体报道统计表

序号	报道时间	媒体类型	媒体名称	新闻标题	相关链接或说明
1	2022年1月14日	广播电视	新北方	辽宁省博物馆新春文创	北斗融媒
2	2022年1月25日	广播电视	新北方	辽宁省博物馆推出虎年展	北斗融媒
3	2022年1月30日	广播电视	辽视第一时间	2022年虎年吉祥 特色虎文化进辽博 "虎虎生威"迎新春	https://cj.sina.com.cn/articles/view/1368805177/m51964f3903300yn8q?sudaref=www.so.com&display=0&retcode=0
4	2022年1月30日	广播电视	辽视第一时间	辽宁省博物馆 走进古画中 领略冬景与运动	https://cj.sina.com.cn/articles/view/1368805177/m51964f3903300yn8u
5	2022年1月31日	广播电视	沈阳新闻	"萌虎"贺岁 喜迎新春 虎年看虎——来辽博看文物中的"虎"	https://sjvue.yunshengjing.com/?isApp=0#/YjbDetailCtFx/13449
6	2022年2月5日	广播电视	沈阳新闻	"逐梦冬奥——冬景绘画暨体育文物特展"在辽博开展	https://sjvue.yunshengjing.com/?isApp=0#/YjbDetailCtFx/13490
7	2022年2月7日	广播电视	直播生活	春节期间 辽宁省博物馆特展异彩纷呈	https://www.iqiyi.com/v_13twi4wewjc.html
8	2022年2月11日	广播电视	新北方	辽博推出"逐梦冬奥——冬景绘画暨体育文物特展"	北斗融媒
9	2022年1月14日	新媒体	新华社	直播饮食知味展览	新华社直播平台
10	2022年1月25日	新媒体	中国新闻网	辽宁省博物馆推出虎虎生威展	中国新闻网客户端
11	2022年2月1日	新媒体	新华网客户端	过年啦！看古人新年"酒文化"有啥不同？	https://my-h5news.app.xinhuanet.com/xhh-pc/article/?id=711b0f94e5f66acbf7ddb9f11f0375bc&timestamp=86369
12	2022年2月3日	新媒体	新华网客户端	惊！古人竟躺在"老虎"身上睡觉！	https://my-h5news.app.xinhuanet.com/xhh-pc/article/?id=3da4f25e194c24e9b5882afcb3253e94&timestamp=74519
13	2022年2月3日	新媒体	新华网客户端	真香！古代东北人也"撸串"！	https://my-h5news.app.xinhuanet.com/xhh-pc/article/?id=203e21d42f0bfdfb119c62d85658d194&timestamp=16395
14	2022年1月1日	新媒体	网易号	元旦假期，沈阳文博场所活动攻略来啦！	https://www.163.com/dy/article/GSJFRS790534BBTS.html?f=post2020_dy_recommends
15	2022年1月1日	新媒体	美术报	"墨影镌英——辽宁省博物馆藏金石拓本展"开展	http://zjdaily.zjol.com.cn/msb/html/2022-01/01/content_3984545.htm?div=-1
16	2022年1月4日	新媒体	东北新闻网	辽博推出馆藏金石拓本展 "青铜器海内三宝"全形及铭文拓本来了	http://liaoning.nen.com.cn/network/liaoningnews/lnnewsjiji/2022/01/04/332806491226510669.shtml
17	2022年1月6日	新媒体	沈阳日报电子版	"辽宁省博物馆藏金石拓本展"开展	https://epaper.syd.com.cn/syrb/html/2022-01/06/content_121062_14348900.htm
18	2022年1月6日	新媒体	辽沈晚报电子版	"墨影镌英——辽宁省博物馆藏金石拓本展"开展	http://www.cnjdz.net/sjsh/2022/0106/69768.html
19	2022年1月6日	新媒体	新浪网	辽博呈现"墨影镌英"："青铜器海内三宝"全形拓本展出	https://k.sina.com.cn/article_1893278624_70d923a002000yfyk.html

续表

序号	报道时间	媒体类型	媒体名称	新闻标题	相关链接或说明
20	2022年1月7日	新媒体	动脉影	辽宁省博物馆 江口沉银——四川彭山江口明末战场遗址考古成果展	https://weibo.com/1406892441/L9HbNAMGF
21	2022年1月7日	新媒体	"文博圈企鹅号"	辽宁省博物馆又又又出书画大展！	https://new.qq.com/rain/a/20220107A01C7W00
22	2022年1月7日	新媒体	弘博网	辽宁省博物馆再上书画大展，66件展品目录公布！	https://www.sohu.com/a/515377194_426335
23	2022年1月7日	新媒体	中国新闻网	66件辽博馆藏经典立轴山水画带人们感受生命的和谐畅达	https://www.chinanews.com.cn/cul/2022/01-07/9646719.shtml#zw_cyhd
24	2022年1月8日	新媒体	澎湃新闻	辽博展古代山水，包括辽代出土《深山会棋图》	https://www.thepaper.cn/newsDetail_forward_16184439
25	2022年1月8日	新媒体	新浪网	66件精品汇聚辽博馆藏中国古代立轴山水画展	https://k.sina.com.cn/article_1893278624_70d923a002000yhjv.html
26	2022年1月10日	新媒体	光明书画	66件辽博馆藏经典立轴山水画带人们感受生命的和谐畅达	https://shuhua.gmw.cn/2022-01/10/content_35438068.htm
27	2022年1月11日	新媒体	凤凰网辽宁	辽博再次精选66件馆藏精品立轴山水画聚集一展	https://ln.ifeng.com/c/8CgohwQD2Qs
28	2022年1月12日	新媒体	辽宁日报	辽博开年首展半数以上馆藏精品是第一次展出	http://ln.people.com.cn/n2/2022/0112/c400018-35091384.html
29	2022年1月17日	新媒体	扬子晚报	展览｜江山如画，辽宁省博物馆展出66件馆藏经典立轴山水画	https://k.sina.com.cn/article_5328858693_13d9fee4502001e3ha.html
30	2022年1月17日	新媒体	辽宁日报	辽西走廊还是一条"诗书之路"	http://ln.people.com.cn/n2/2022/0117/c400018-35097863.html
31	2022年1月24日	新媒体	共产党员	《簪花仕女图》唐代现实主义风格绘画的代表作	
32	2022年1月26日	新媒体	中国新闻网	百余件从商代到现代的虎文化题材文物在辽博展出	http://cul.china.com.cn/2022-01/26/content_41863487.htm
33	2022年1月26日	新媒体	北国网	多地虎年主题文化活动迎新春	http://epaper.lnd.com.cn/lnrbepaper/pc/con/202201/26/content_141371.html
34	2022年1月27日	新媒体	辽宁日报	走！过年去辽博看"虎"去！	https://mp.weixin.qq.com/s/-lmMhQQS9LOYZhqh9Oe1yQ
35	2022年1月27日	新媒体	环球网资讯	中国这些博物馆可真是"虎"呀！	https://www.163.com/dy/article/GUN823O60514R9OJ.html
36	2022年1月28日	新媒体	搜狐网	就地过年去哪儿玩？沈阳已经准备了这些活动……	https://www.sohu.com/a/519663454_121123725
37	2022年1月28日	新媒体	澎湃新闻	古画中的冬景与运动，辽博《明皇击球图》卷等	http://k.sina.com.cn/article_5044281310_12ca99fde02001r0x2.html
38	2022年1月29日	新媒体	中国新闻网	辽博推出冬景绘画暨体育文物特展 让文化遗产与冬奥有机结合	https://www.163.com/dy/article/GUTJBJ2L0514R9KD.html
39	2022年1月30日	新媒体	辽沈晚报	虎年别忘来辽博看"虎"	https://wap.lnrbxmt.com/news_details.html?from=iosapp&id=263526&userId=not_login&timestamp=44573409283882992
40	2022年2月7日	新媒体	辽宁日报《北国》新闻客户端	观虎说史：安国侯铜虎符	https://article.xuexi.cn/articles/index.html?art_id=17451128337182337176&item_id=17451128337182337176&cdn=https%3A%2F%2Fregion-liaoning-resource&study_style_id=video_default&ref_read_id=TCXKTZG4-F38R-SBK0-LBX2-HXP0TXF4Q4GC&pid=4973261980313165&ptype=100&reco_id=1019cf47941dc0a88410000j&study_comment_disable=1

续表

序号	报道时间	媒体类型	媒体名称	新闻标题	相关链接或说明
41	2022年2月7日	新媒体	辽宁日报《北国》新闻客户端	观虎说史：饕餮纹爵	https://article.xuexi.cn/articles/index.html?art_id=11031156532502669815&item_id=11031156532502669815&cdn=https%3A%2F%2Fregion-liaoning-resource&study_style_id=video_default&ref_read_id=8A5MDJUE-XMYY-WIHA-CGFV-IP9CLT8CH03J&pid=49732619804313165&ptype=100&reco_id=1019cf482d7dc0a822ab001m&study_comment_disable=1
42	2022年2月7日	新媒体	辽宁日报《北国》新闻客户端	观虎说史：武官补	https://article.xuexi.cn/articles/index.html?art_id=11244598787852993300&item_id=11244598787852993300&cdn=https%3A%2F%2Fregion-liaoning-resource&study_style_id=video_default&ref_read_id=FB1YQIS3-K2TL-GIWS-DSIO-BJA0GQE2PWCO&pid=49732619804313165&ptype=100&reco_id=1019cf4872fac0a82082000f&study_comment_disable=1
43	2022年2月7日	新媒体	辽宁日报《北国》新闻客户端	观虎说史：透雕鹰虎纹铜牌饰	https://article.xuexi.cn/articles/index.html?art_id=11787459448246856730&item_id=11787459448246856730&cdn=https%3A%2F%2Fregion-liaoning-resource&study_style_id=video_default&ref_read_id=QLNSDNI4-OWQK-BIZN-DCZP-A1839EEJQRSP&pid=49732619804313165&ptype=100&reco_id=1019cf48c066c0a82088001z&study_comment_disable=1
44	2022年2月7日	新媒体	辽宁日报《北国》新闻客户端	观虎说史：卧虎瓷枕	https://article.xuexi.cn/articles/index.html?art_id=5027390244897166459&item_id=5027390244897166459&cdn=https%3A%2F%2Fregion-liaoning-resource&study_style_id=video_default&ref_read_id=Z0QWFZPG-HRBZ-MDZL-S6RU-GMYSXZJAWYFT&pid=49732619804313165&ptype=100&reco_id=1019cf4900cec0a885110000&study_comment_disable=1
45	2022年2月7日	新媒体	辽宁日报《北国》新闻客户端	观虎说史：虎纽錞于	https://article.xuexi.cn/articles/index.html?art_id=12001682591619349518&item_id=12001682591619349518&cdn=https%3A%2F%2Fregion-liaoning-resource&study_style_id=video_default&ref_read_id=J6IAEIP3-U462-OWLJ-KYGF-2O7JAG9KJL47&pid=49732619804313165&ptype=100&reco_id=1019cf496807c0a885120025&study_comment_disable=1
46	2022年2月8日	新媒体	沈阳日报电子版	辽博成为热门文化打卡地 沈阳人看国宝过大年	2022年媒体报道图
47	2022年2月8日	新媒体	人民资讯	来辽宁省博物馆，看唐伯虎《茅屋蒲团图》	https://k.sina.com.cn/article_7517400647_1c0126e4705902pgtj.html
48	2022年2月9日	新媒体	沈阳日报电子版	辽博文创产品让观众把"文物"带回家	2022年媒体报道图
49	2022年2月9日	新媒体	辽宁日报	辽西三燕墓葬出土大量马具-双马镫助鲜卑骑兵荡平草原	截图保留
50	2022年2月10日	新媒体	新华社	古画中的冬日图景与体育活动	https://xhpfmapi.xinhuaxmt.com/vh512/share/10586725?channel=weixin
51	2022年2月11日	新媒体	辽宁日报	隋文帝诏封医巫闾山为北方镇山——显示收复辽东故地的决心	截图保留

续表

序号	报道时间	媒体类型	媒体名称	新闻标题	相关链接或说明
52	2022年2月14日	新媒体	沈阳日报	辽宁省博物馆成为热门文化打卡地	http://tour.youth.cn/xw/202202/t20220224_13446927.htm
53	2022年2月15日	新媒体	辽宁日报	【云看展】辽宁省两大冬奥展尽显冰雪魅力	https://article.xuexi.cn/articles/index.html?art_id=9345700391044327683&item_id=9345700391044327683&cdn=https%3A%2F%2Fregion-liaoning-resource&study_style_id=feeds_opaque&pid=&ptype=-1&source=share&share_to=wx_single
54	2022年2月17日	新媒体	央视新闻	虎年看虎 打卡辽宁省博物馆"虎虎生威"	https://live.cctvnews.cctv.com/h-ui/index.html?liveRoomNumber=13250727798903871368&toc_style_id=feeds_only_back&share_to=wechat&track_id=ad6d86a9-8cc2-4943-b92a-ad6bc349084b
55	2022年2月18日	新媒体	辽宁日报	一年之计在于春	截图保留
56	2022年2月19日	新媒体	辽沈晚报	来辽博赏文物，了解古代体育活动都有啥	https://wap.lnrbxmt.com/news_details.html?from=iosapp&id=266752&userId=not_login&timestamp=45778070916111948
57	2022年2月22日	新媒体	辽宁日报	朝阳在唐代曾是多民族聚居区——多个墓葬出土大量风格迥异的人俑证实	截图保留
58	2022年2月24日	新媒体	辽宁日报	辽西北魏石刻、隋唐墓志印证——石窟艺术沿草原丝路向东延伸	截图保留
59	2022年2月28日	新媒体	辽宁日报	唐玄宗刚即位就派郎将出使靺鞨——鸿胪井刻石记录唐朝册封渤海国	截图保留
60	2022年2月28日	新媒体	辽宁日报	好雨知时节 当春乃发生	截图保留
61	2022年3月2日	新媒体	网易号	辽宁排名第一的博物馆,凭辽代文物跻身中国顶流博物馆,还免费开放	https://www.163.com/dy/article/H1G0VDLL0524F5BU.html
62	2022年3月3日	新媒体	辽宁日报	自前燕建都到元代废弃——朝阳古城兴盛了近千年	截图保留
63	2022年3月4日	新媒体	辽宁日报	辽博志愿宣讲团获评"全国标杆"	http://ln.people.com.cn/n2/2022/0304/c400018-35158970.html
64	2022年1月4日	纸媒	辽沈晚报	辽博推出馆藏金石拓本展"青铜器海内三宝"全形及铭文拓本来了	4版
65	2022年1月5日	纸媒	辽宁日报	冯素弗墓出土五件古罗马玻璃器，见证一条草原丝路连接东西文化	12版
66	2022年1月6日	纸媒	沈阳日报	"辽宁省博物馆藏金石拓本展"开展	12版
67	2022年1月7日	纸媒	沈阳日报	"知·味——两汉魏晋时期辽宁地区的饮食文化"展在辽博举行 古人给烤串起了一个文雅的名字炙	8版

序号	报道时间	媒体类型	媒体名称	新闻标题	相关链接或说明
68	2022年1月8日	纸媒	辽沈晚报	本周末辽宁省博物馆推出多项线上线下公益活动 专家带您了解两汉魏晋时期辽宁饮食文化	4版
69	2022年1月12日	纸媒	辽宁日报	辽博开年首展主打"中国古代立轴山水画"半数以上馆藏精品是第一次展出	6版
70	2022年1月13日	纸媒	辽宁日报	朝阳龙城遗址出土文物表明——"三燕"时期北方游牧文化主动融入汉文化	7版
71	2022年1月13日	纸媒	沈阳日报	"江山如画——辽宁省博物馆藏中国古代立轴山水画展"举行 辽墓出土《深山会棋图》成本次展览最受关注文物	12版
72	2022年1月19日	纸媒	辽宁日报	"三燕"时期的金饰品内涵丰富——金步摇工艺体现东西文化交融	14版
73	2022年1月23日	纸媒	辽宁日报	辽博举办"知·味"饮食文化展，文物与史料相印证——魏晋时期辽东美食已香飘江南	8版
74	2022年1月24日	纸媒	辽宁日报	辽代名画《深山会棋图》展现中国古典绘画的高妙与智慧	6版
75	2022年1月25日	纸媒	辽沈晚报	文物世界里的"虎人虎事"	9版
76	2022年1月26日	纸媒	辽宁日报	多地虎年主题文化活动迎新春	7版
77	2022年1月26日	纸媒	辽沈晚报	快来看这些家门口的"珍宝萌物"	8版
78	2022年1月28日	纸媒	中国文物报	"虎虎生福——壬寅虎年新春生肖文物（图片）联展"为百余城市观众送去新春祝福	5版
79	2022年1月28日	纸媒	辽沈晚报	到这几大展馆看展览会让你感叹假期有点儿短	10版
80	2022年1月30日	纸媒	辽沈晚报	写福字、虎头帽DIYA、虎年剪纸……辽博推百余项活动邀您过个文化年	头版转02版
81	2022年1月30日	纸媒	辽沈晚报	虎年别忘来辽博看"虎"	2版
82	2022年1月30日	纸媒	辽沈晚报	快来看古人用啥"餐具""厨具"	7版
83	2022年2月9日	纸媒	辽宁日报	辽西"三燕"墓葬出土大量马具——双马镫助鲜卑骑兵荡平草原	9版
84	2022年2月16日	纸媒	辽宁日报	朝阳出土墓志与史料相印证——还原唐朝平定辽东部族叛乱	12版
85	2022年2月19日	纸媒	辽沈晚报	来辽博赏文物 了解古代体育活动都有啥	3版

续表

序号	报道时间	媒体类型	媒体名称	新闻标题	相关链接或说明
86	2022年2月22日	纸媒	辽宁日报	多个墓葬出土大量风格迥异的人俑证实——朝阳在唐代曾是多民族聚居区	12版
87	2022年2月24日	纸媒	辽宁日报	辽西北魏石刻、隋唐墓志印证——石窟艺术沿草原丝路向东延伸	12版
88	2022年3月4日	纸媒	辽宁日报	辽博志愿宣讲团获评"全国标杆"	8版
89	2022年3月16日	纸媒	辽宁日报	闭馆不闭展 我省多家博物馆邀您云看展	8版
90	2022年5月31日	广播电视	新北方	辽宁省博物馆开馆,推出字途传统文化展	北斗融媒
91	2022年6月3日	广播电视	沈阳新闻今日沈阳	端午看展:到辽博玩"文字游戏"解"文化密码"	沈阳新闻综合频道视频号 微信视频号
92	2022年6月3日	广播电视	中央广播电视总台	今晚20:00,《古韵新声》邀您话端午、赏文物!	央视app
93	2022年6月11日	广播电视	沈阳新闻综合频道	"精艺传承夺天工"——省非物质文化遗产雕刻技艺专题展	沈阳新闻综合频道视频号 微信视频号
94	2022年4月6日	新媒体	人民网	体验民风民俗 感受传统韵味	http://ln.people.cn/n2/2022/0406/c378322-35209362.html
95	2022年4月26日	新媒体	辽宁日报	辽宁省博物馆的"三燕文化展"入围全国终评	http://ln.people.cn/n2/2022/0426/c400018-35242828.html
96	2022年5月19日	新媒体	人民网	辽宁:"云"游博物馆 "屏"上观古今	http://ln.people.cn/n2/2022/0519/c378317-35275608.html
97	2022年5月19日	新媒体	人民网 辽宁频道	一起走进辽宁的博物馆	http://ln.people.cn/n2/2022/0519/c400018-35275674.html
98	2022年5月19日	新媒体	辽宁日报	云"游博物馆 "屏"上观古今	http://ln.people.cn/n2/2022/0519/c378317-35275608.html
99	2022年5月19日	新媒体	东北新闻网	辽宁启动国际博物馆日系列活动 "云"游博物馆 "屏"上观古	http://liaoning.nen.com.cn/network/liaoningnews/lnnewskejiao/2022/05/19/381693651618632279.shtml
100	2022年5月19日	新媒体	辽宁日报	辽宁省开展"国际博物馆日"宣传活动	http://ln.people.cn/n2/2021/0519/c378317-34732588.html
101	2022年5月20日	新媒体	辽宁日报	名画做成邮票 两省同时首发	http://ln.people.cn/n2/2022/0519/c400018-35275675.html
102	2022年5月20日	新媒体	辽宁日报	辽博年内再推八大展览	http://ln.people.cn/n2/2022/0520/c400018-35278179.html
103	2022年5月25日	新媒体	美术大观杂志	赏名帖传世真迹,摹古人千年书风	https://mp.weixin.qq.com/s/q61tVmudzl_pdzkKIGtajQ
104	2022年5月25日	新媒体	辽宁日报	辽宁全省"上新"40余个展览	https://k.sina.com.cn/article_7517400647_1c0126e4705903k2jr.html
105	2022年5月30日	新媒体	辽沈晚报	六场线上讲座 带您领略辽博馆藏魅力	https://finance.sina.com.cn/tech/2022-05-30/doc-imizirau5519818.shtml?finpagefr=p_114
106	2022年5月30日	新媒体	人民网	鸭绿江口有一条海上陶瓷之路	http://ln.people.cn/n2/2022/0530/c400018-35292595.html
107	2022年6月2日	新媒体	辽沈晚报	线上线下展览看不停!端午假期文博场所活动打开端午记忆	http://liaoning.nen.com.cn/network/liaoningnews/lnnewskejiao/2022/06/02/386771087892942894.shtml

续表

序号	报道时间	媒体类型	媒体名称	新闻标题	相关链接或说明
108	2022年6月7日	新媒体	北国网·地方新闻	2022年"文化和自然遗产日"辽宁省非物质文化遗产宣传展示月活动火热开启	http://liaoning.lnd.com.cn/system/2022/06/07/030324066.shtml
109	2022年6月7日	新媒体	辽宁日报	辽博将展览延至博物馆外	http://ln.people.com.cn/n2/2022/0607/c400018-35303574.html
110	2022年6月10日	新媒体	沈阳日报	辽宁省博物馆推出"文化和自然遗产日"系列活动	http://news.cnhubei.com/content/2022-06/10/content_14826737.html
111	2022年6月11日	新媒体	中央广播电视总台辽宁总站	文化和自然遗产日 | 精艺传承夺天工 辽博展里看非遗	https://content-static.cctvnews.cctv.com/snow-book/index.html?toc_style_id=feeds_default&share_to=wechat&item_id=3395440916492826004&track_id=0B39A250-0CE6-4EA0-A823-D54EDC09316C_676625106910
112	2022年6月11日	新媒体	中国新闻网	"精艺传承夺天工——辽宁省非物质文化遗产雕刻技艺专题展"在沈阳展出	http://www.chinanews.com.cn/tp/2022/06-11/9777511.shtml
113	2022年6月11日	新媒体	中国新闻网	文化和自然遗产日：来辽博看康熙皇帝设计的石砚	http://www.chinanews.com.cn/cul/shipin/cns-d/2022/06-11/news928809.shtml
114	2022年6月11日	新媒体	中国新闻网	沈阳故宫直播木器修复 辽宁探文物与非遗技艺赋能	https://www.chinanews.com.cn/cul/2022/06-11/9777669.shtml
115	2022年6月11日	新媒体	新华网	辽宁举办非物质文化遗产宣传展示月活动	http://news.cnhubei.com/content/2022-06/11/content_14830152.html
116	2022年6月11日	新媒体	中央广电总台国际在线	匠人传承 经典不息 辽宁省非物质文化遗产雕刻艺术专题展今日开展	http://ln.cri.cn/n/20220611/66fbb64e-3514-a9e4-4399-17daf706fa0b.html
117	2022年6月14日	新媒体	人民网	193件非遗作品"对话"辽宁40件文物	http://ln.people.com.cn/n2/2022/0614/c400027-35314575.html
118	2022年6月14日	新媒体	北国网	200余件古今雕刻绝活同台展出	http://news.lnd.com.cn/system/2022/06/14/030325625.shtml
119	2022年5月18日	纸媒	辽宁日报	我省出土大量辽墓壁画，研究发现——契丹人生活场景反映辽代社会包容开放	12版
120	2022年5月18日	纸媒	辽沈晚报	展览、讲座、直播 5·18博物馆日 带您感受"博物馆的力量"	4版
121	2022年5月18日	纸媒	沈阳晚报	辽博邀你感受博物馆的力量	头版转10版
122	2022年5月19日	纸媒	辽沈晚报	以"国宝"为底本《姑苏繁华图》特种邮票线上首发	8版
123	2022年5月19日	纸媒	辽沈晚报	2022辽博展览"剧透" 这些展览将与您见面	9版
124	2022年5月19日	纸媒	辽宁日报	我省启动国际博物馆日系列活动 "云"游博物馆 "屏"上观古今（提及辽博"龙城春秋——三燕文化考古成果展"获奖）	2版
125	2022年5月19日	纸媒	辽宁日报	一起走进辽宁的博物馆	9版

续表

序号	报道时间	媒体类型	媒体名称	新闻标题	相关链接或说明
126	2022年5月19日	纸媒	辽宁日报	名画做成邮票 两省同时首发	9版
127	2022年5月20日	纸媒	辽宁日报	辽博年内再推八大展览	8版
128	2022年5月30日	纸媒	辽宁日报	大鹿岛明代沉船出水的大量青花瓷证实——鸭绿江口有一条海上陶瓷之路	9版
129	2022年6月7日	纸媒	辽宁日报	辽博将展览延至博物馆外 "字途"教育展览推答题菜单	9版
130	2022年6月20日	纸媒	辽宁日报	明朝为巩固边防建多个马市，研究发现——辽东马市促进民族融合 增强女真族实力	8版
131	2022年8月2日	广播电视	辽视新知	辽宁省博物馆推出珐琅器展	
132	2022年8月2日	广播电视	新北方	辽宁省博物馆推出珐琅器展	北斗融媒
133	2022年8月18日	广播电视	新北方	博物馆暑期活动展开情况	北斗融媒
134	2022年8月10日	广播电视	沈阳新闻	辽宁省博物馆推出珐琅器展	微信视频号
135	2022年8月26日	广播电视	沈阳新闻	辽博看展——中国珐琅器的前世今生	盛京视频的微博视频
136	2022年8月27日	广播电视	新北方	辽博推出 "人·境——古代文人的园中雅趣展"	北斗融媒
137	2022年9月11日	广播电视	新北方	中秋节辽博看展	北斗融媒
138	2022年7月4日	新媒体	新华网客户端	让文物活起来｜听，文物在唠嗑	https://my-h5news.app.xinhuanet.com/xhh-pc/article/?id=c48b61a002127c311e862c34c3c220d0&timestamp=44133
139	2022年7月22日	新媒体	新华网客户端	We唠嗑：《草书千字文》感受古人笔下的文字 "韵律"	https://my-h5news.app.xinhuanet.com/xhh-pc/article/?id=caa757d46bdafa8688ac602656f8b812&timestamp=26471
140	2022年8月1日	新媒体	北国·辽宁日报	珐琅器！辽宁省博物馆今天开展	https://wap.lnrbxmt.com/news_details.html?from=androidapp&id=297835&timestamp=63593978985660301
141	2022年8月1日	新媒体	新华网微博	一件900年历史的草书的魅力	https://m.weibo.cn/status/4797783561472629?sourceType=weixin&from=10C7395060&wm=9006_2001&featurecode=newtitle
142	2022年8月2日	新媒体	辽宁日报	辽博78件宝贝展现珐琅器前世今生	https://finance.sina.com.cn/jjxw/2022-08-02/doc-imizmscv4460357.shtml
143	2022年8月2日	新媒体	澎湃新闻	辽博新展 "华·彩"：看珐琅器的辉煌与重生	https://www.163.com/dy/article/HDP54AR50514R9P4.html
144	2022年8月5日	新媒体	沈阳晚报、沈报全媒体	如何在家门口沉浸式赏 "珐琅"？	https://finance.sina.com.cn/jjxw/2022-08-05/doc-imizmscv4892292.shtml
145	2022年8月15日	新媒体	中国美术报网	辽宁省博物馆推出馆藏珐琅器专题展	https://www.163.com/dy/article/HEQ9F1A10514FHED.html
146	2022年8月16日	新媒体	辽沈晚报	雕刻技艺专题展 延期至9月11日	https://finance.sina.com.cn/tech/roll/2022-08-16-doc-imizmscv6380212.shtml

续表

序号	报道时间	媒体类型	媒体名称	新闻标题	相关链接或说明
147	2022年8月24日	新媒体	辽沈晚报	辽宁省博物馆藏珐琅器专题展推出线上展览	http://www.ln.chinanews.com.cn/news/2022/0824/326436.html
148	2022年8月24日	新媒体	中新网辽宁	沈阳皇姑区力推"一老一幼"关爱服务工作高质量发展：携未成年人追寻红色记忆	http://www.ln.chinanews.com.cn/news/2022/0824/326441.html
149	2022年8月27日	新媒体	新华社	新华全媒：画中"见"园——古代文人的园中雅趣	https://www.sohu.com/a/580413645_267106
150	2022年8月27日	新媒体	澎湃新闻	谢环《杏园雅集图》近20年首次外借，辽博新展"人境"	https://www.thepaper.cn/newsDetail_forward_19641752
151	2022年8月27日	新媒体	中国新闻网	70件套"园林宅邸"画及相关古代绘画作品亮相辽博	http://www.chinanews.com.cn/cul/2022/08-27/9838273.shtml
152	2022年8月27日	新媒体	新华网客户端	珐琅器大展华彩 看古人的审美有多绝	https://my-h5news.app.xinhuanet.com/xhh-pc/article/?id=dcf75f84f4d90b3f7e77dc766b86aad9&timestamp=14771
153	2022年8月27日	新媒体	中国新闻网	来辽博看"园林宅邸"画 体会古代文人的园中雅趣	http://www.chinanews.com.cn/cul/shipin/cns-d/2022/08-27/news936102.shtml
154	2022年8月29日	新媒体	新华网客户端	新华全媒：画中"见"园——古代文人的园中雅趣	https://h.xinhuaxmt.com/vh512/share/11064192?d=1348b9b&channel=weixin
155	2022年8月29日	新媒体	光明日报	领略古代文人的园中雅趣	https://app.guangmingdaily.cn/as/opened/n/2168410b3af4422f9997664ea90cb9b0
156	2022年8月29日	新媒体	中国新闻网	来辽博看"园林宅邸"画 体会古代文人的园中雅趣	http://tibet.cn/cn/Instant/culture/202208/t20220829_7265470.html
157	2022年8月29日	新媒体	中国新闻网	"人·境——古代文人的园中雅趣展"在沈阳开展	http://www.ln.chinanews.com.cn/news/2022/0829/326586.html
158	2022年8月30日	新媒体	辽宁日报	辽博新推展览主打"园林宅邸" 在70余件绘画中领略古人"花式"造园	http://www.workercn.cn/c/2022-08-30/7150119.shtml
159	2022年8月31日	新媒体	新华网微博	古画中繁华的苏州市井风貌	https://m.weibo.cn/status/4808511747265547?wm=3333_2001&from=10C8393010&sourcetype=weixin
160	2022年8月31日	新媒体	人民资讯	辽博新推展览主打"园林宅邸"	https://k.sina.com.cn/article_7517400647_1c0126e4705903rop6.html?from=cul
161	2022年9月1日	新媒体	中国新闻网	七国青年共话当下博物馆挑战与对策	http://www.chinanews.com.cn/gn/2022/09-01/9842508.shtml
162	2022年9月4日	新媒体	国宝，请登场栏目	共8集：第3集 我的洛神赋，可不是爱情	https://y.qq.com/n/ryqq/songDetail/373452046
163	2022年9月6日	新媒体	辽宁日报	辽宁文物惊艳亮相国博	https://k.sina.com.cn/article_7517400647_1c0126e4705903rxxv.html?from=cul
164	2022年9月9日	新媒体	新华网客户端	We唠嗑：90秒带你了解红山文化玉猪龙	https://my-h5news.app.xinhuanet.com/xhh-pc/article/?id=cbd51efcf4fafe238d06acf3288c9459&timestamp=66453
165	2022年9月13日	新媒体	华夏艺术收藏	辽博新展，呈现古代文人的园中雅趣	https://www.163.com/dy/article/HH5KJ17705539J68.html
166	2022年9月13日	新媒体	搜狐	辽博新展，呈现古代文人的园中雅趣	https://www.sohu.com/a/584655815_121221777
167	2022年9月15日	新媒体	东北新闻网	辽博"字途——中华传统文化系列教育展"成功入选	http://liaoning.nen.com.cn/network/liaoningnews/lnnewskejiao/2022/09/15/424949009224831157.shtml

续表

序号	报道时间	媒体类型	媒体名称	新闻标题	相关链接或说明
168	2022年9月20日	新媒体	腾讯网	辽宁：让博物馆成为中小学"第二课堂"	https://new.qq.com/rain/a/20220920A068NB00
169	2022年9月26日	新媒体	北国·辽宁日报	辽博推出"人·境——古代文人的园中雅趣"线上展	http://epaper.lnd.com.cn/lswbepaper/pad/con/202209/26/content_165092.html
170	2022年9月29日	新媒体	人民网	感悟古人笔墨中的园林雅趣	https://www.sohu.com/a/588868160_114731
171	2022年9月30日	新媒体	人民日报海外版	人民日报海外版点赞辽宁省博物馆"人·境"展：感悟古人笔墨中的园林雅趣	https://wap.peopleapp.com/article/6879552/6743736
172	2022年8月29日	纸媒	辽沈晚报	明《杏园雅集图》近20年首次外借 多件以一级文物展出	03版
173	2022年9月2日	纸媒	政协友报	辽博"人·境"展多件海内孤品亮相	文综版
174	2022年6月22日	纸媒	辽沈晚报	193件套非遗作品与40件套文物共同联展 饱您眼福	5版
175	2022年6月27日	纸媒	沈阳日报	《簪花惜春记》让辽博镇馆之宝"活"起来	7版
176	2022年7月8日	纸媒	辽宁日报	多家博物馆推新展迎暑假	11版
177	2022年8月2日	纸媒	辽宁日报	辽博78件宝贝展现珐琅器前世今生	9版
178	2022年8月4日	纸媒	沈阳日报	辽博为您叩开一扇了解珐琅器的大门	9版
179	2022年8月5日	纸媒	沈阳晚报	如何在家门口沉浸式赏"珐琅""华·彩——辽宁省博物馆藏珐琅器专题展"等你去打卡	15版
180	2022年8月8日	纸媒	辽沈晚报	辽博新展览带您沉浸式了解珐琅器	头版转03版
181	2022年8月29日	纸媒	光明日报	领略古代文人的园中雅趣——辽宁省博物馆举行中国古代园林绘画主题展览	9版
182	2022年8月29日	纸媒	辽沈晚报	辽博古代书画大展揭幕 记者梳理四大亮点 明《杏园雅集图》近20年首次外借	3版
183	2022年8月30日	纸媒	中国文物报	"华·彩"珐琅器上的精美纹样	6版
184	2022年8月31日	纸媒	沈阳日报	辽博暂停对外开放，推出网上观展服务 观展资料供您先"预习"	12版
185	2022年9月6日	纸媒	辽宁日报	辽宁文物惊艳亮相国博	12版
186	2022年9月7日	纸媒	沈阳日报	辽博荣获"青少年中华文物我来讲"优秀博物馆志愿服务推介项目	9版
187	2022年9月8日	纸媒	辽沈晚报	辽公布首批省级文明旅游示范单位 辽宁省博物馆、沈阳故宫博物院等40家单位入选	3版

续表

序号	报道时间	媒体类型	媒体名称	新闻标题	相关链接或说明
188	2022年9月10日	纸媒	人民日报	秋叶赏月景 诗情伴画意	7版
189	2022年9月15日	纸媒	沈阳日报	国家文物局2022年度主题展览重点推介项目公布 辽博"字途——中华传统文化系列教育展"成功入选	11版
190	2022年10月6日	新媒体	云盛京	辽博年度大展"和合中国"10月8日重磅登场	https://www.yunshengjing.com/h5/index.html?id=126935&isApp=0
191	2022年10月6日	新媒体	澎湃新闻	辽博史上最大特展"和合中国"，五代宋元书画领衔	图片已保存
192	2022年10月7日	新媒体	艺术头条	辽博史上规模最大特展！用400余件文物之美解读"和合中国"	https://m-news.artron.net/news/20221007/n1983262.html
193	2022年10月7日	新媒体	北国·辽宁日报	现场：辽宁省博物馆年度大展"和合中国"即将开展！	https://wap.lnrbxmt.com/video_details.html?from=androidapp&id=308098&timestamp=65405075038044617
194	2022年10月7日	新媒体	沈阳发布	辽博史上最大特展"和合中国"明日重磅登场 多件国宝文物共同解读"和合"文化	https://app.syfb2021.com/app/template/displayTemplate/news/newsDetail/17/43100.html?isShare=true
195	2022年10月7日	新媒体	美术报	"和合中国"，辽博史上规模最大的特展来了	https://mp.weixin.qq.com/s/D-H4-equuSUpXwWzZ5IjPA
196	2022年10月7日	新媒体	看看新闻Knews综合	辽博史上规模最大特展"和合中国"展览明开展	https://www.kankanews.com/a/2022-10-07/00110254850.shtml
197	2022年10月7日	新媒体	金台资讯	当宋徽宗的书法遇到东罗马的银盘——辽宁省博物馆史上最大规模特展要讲什么？	https://www.163.com/dy/article/HJ3DUMFP05346936.html?f=post2020_dy_recommends
198	2022年10月7日	新媒体	人民网—辽宁频道	当宋徽宗的书法遇到东罗马的银盘——辽宁省博物馆史上最大规模特展要讲什么？	https://www.360kuai.com/pc/95900aaa9f7c2ba52?cota=3&kuai_so=1&refer_scene=so_3&sign=360_da20e874
199	2022年10月7日	新媒体	东北新闻网	"和合中国"展览10月8日在辽宁省博物馆隆重开展	http://video.nen.com.cn/network/nenvideo/nenbenwangyc/2022/10/07/433020637867414470.shtml
200	2022年10月8日	新媒体	东北新闻网	国宝诉说"和合中国" 今人感受美美与共	http://review.nen.com.cn/network/review/benwangyuanc/2022/10/08/433312986896012230.shtml
201	2022年10月8日	新媒体	东北新闻网	辽博大展"和合中国"震撼登场 八大亮点精彩来袭	http://ms.nen.com.cn/network/people/msnews/2022/10/08/433567194643699486.shtml
202	2022年10月8日	新媒体	今日辽宁	感受文物之美 赓续文化基因——明天来辽博看"和合中国"特展	https://mp.weixin.qq.com/s/KKMr9xxxJVx28k042HrEqA
203	2022年10月8日	新媒体	北国·辽宁日报	惊艳时光！辽宁传世国宝尽显和合之美！	https://wap.lnrbxmt.com/video_details.html?from=androidapp&id=308202&timestamp=65482639794259486
204	2022年10月8日	新媒体	北国网	"辽博历史上规模最大特展8日开展 记者为您探展 近半文物首次在辽展出 众多国宝级文物齐亮相"	http://epaper.lnd.com.cn/lswbepaper/pad/con/202210/08/content_165877.html

续表

序号	报道时间	媒体类型	媒体名称	新闻标题	相关链接或说明
205	2022年10月8日	新媒体	央视新闻	探讨辽宁省博物馆"和合中国"特展赏文物之美	https://m-live.cctvnews.cctv.com/live/landscape.html?toc_style_id=feeds_only_back&liveRoomNumber=1212017862060275926&share_to=wechat&track_id=89C0325A-3024-436D-B52C-A2FC15C5795C_686884039415
206	2022年10月8日	新媒体	光明日报	"和合中国"展在辽宁省博物馆开幕	https://mp.weixin.qq.com/s/MXGWLesu2Y-zNs3-gg2X1w
207	2022年10月8日	新媒体	中国新闻网	400余件文物亮相辽博展现"和合中国"之美	https://m.chinanews.com/wap/detail/chs/zwsp/9868479.shtml
208	2022年10月8日	新媒体	中国新闻网	跨时空、跨地域、跨种类文物齐聚辽博诉说"和合"文化	https://m.chinanews.com/wap/detail/chs/zwsp/9868747.shtml
209	2022年10月8日	新媒体	辽宁日报微博	这个展览，不容错过！	https://weibo.com/2093606665/M9mBdt6QF
210	2022年10月8日	新媒体	北国·辽宁日报	惊艳时光！辽宁传世国宝尽显和合之美！	https://wap.lnrbxmt.com/video_details.html?from=androidapp&id=308202&timestamp=65482639794259486
211	2022年10月8日	新媒体	北斗融媒	北斗时评：国宝诉说"和合中国" 今人感受美美与共	https://mp.weixin.qq.com/s/f9aqGrvqsCVnSbSuoLe-gA
212	2022年10月8日	新媒体	澎湃新闻·澎湃号·媒体	"和合中国"展在辽宁省博物馆开幕	https://www.thepaper.cn/newsDetail_forward_20210596
213	2022年10月8日	新媒体	中国新闻网	沈阳："和合中国"展览在辽宁省博物馆开展	https://news.sina.com.cn/o/2022-10-08/doc-imqqsmrp1851092.shtml
214	2022年10月9日	新媒体	北斗融媒	北斗VLOG|一眼千年①胡人吃饼骑驼俑	视频号
215	2022年10月9日	新媒体	北斗融媒	北斗VLOG|一眼千年 宋徽宗草书《千字文》	视频号
216	2022年10月9日	新媒体	北斗融媒	北斗VLOG|一眼千年 第三期	视频号
217	2022年10月9日	新媒体	雅昌艺术网	艺术播报|辽博"和合中国"之美特展、1.2亿港币最贵黄花梨交椅诞生于香港、国内首座公立当代艺术博物馆迎十周年……	https://i.ifeng.com/c/8JyZAEaaFUj
218	2022年10月9日	新媒体	新华社	辽博展出400余件文物珍品 再现中国"和合"之美	https://h.xinhuaxmt.com/vh512/share/11160605?d=1348c51&channel=weixin
219	2022年10月9日	新媒体	新华社新媒体	辽博展出400余件文物珍品 再现中国"和合"之美	https://mbd.baidu.com/newspage/data/landingsuper?rs=803004101&ruk=xsemL_KhIymnJlB_Oa9DmQ&isBdboxFrom=1&pageType=1&urlext=%7B%22cuid%22%3A%22l8Sv8_PYS80IOvuz_uHMa_aN-806OHiI_ivIfga42tKu0qqSB%22%7D&context=%7B%22nid%22%3A%22news_9204662708197846953%22%7D
220	2022年10月9日	新媒体	新华社	辽宁省博物馆举办"和合中国"展览	https://mbd.baidu.com/ug_share/mbox/4a83aa9e65/share?product=smartapp&tk=519ef72dc40af460e3f9dac29a389790&share_url=https%3A%2F%2F05vig8.smartapps.cn%2Fpages_sub%2Farticle%2Farticle%3Fdataid%3Dcomos%3Amqmmthc0268681%26_swebfr%3D1%26_swebFromHost%3Dbaiduboxapp&domain=mbd.baidu.com

续表

序号	报道时间	媒体类型	媒体名称	新闻标题	相关链接或说明
221	2022年10月9日	新媒体	视觉中国	沈阳："和合中国"展览在辽宁省博物馆开展	http://news.cyol.com/gb/articles/2022-10/09/content_waJX0fRVJ.html
222	2022年10月9日	新媒体	东北新闻网	近半数文物首次展出，"和合中国"特展亮相辽博	http://liaoning.nen.com.cn/network/liaoningnews/lnnewskejiao/2022/10/09/433643494926456606.shtml
223	2022年10月9日	新媒体	辽宁日报	让"和合"理念代际相传	http://liaoning.nen.com.cn/network/liaoningnews/lnnewskejiao/2022/10/09/433661401567860510.shtml
224	2022年10月9日	新媒体	沈阳本地宝	辽宁省博物馆"和合中国"展展出内容简介	http://sy.bendibao.com/tour/2022109/69840.shtm
225	2022年10月9日	新媒体	中国新闻网	跨时空、跨地域、跨种类文物齐聚辽博诉说"和合"文化	http://ent.people.com.cn/n1/2022/1009/c1012-32541271.html
226	2022年10月10日	新媒体	新华社微博	清明上河图在辽博展出 400余件文物展出再现中国和合之美	https://m.weibo.cn/status/4822926282721982?wm=3333_2001&from=10C9593010&sourcetype=weixin
227	2022年10月10日	新媒体	三门峡市虢国博物馆	"虢宝"奔赴东北大地 亮相"和合中国"特展	https://mp.weixin.qq.com/s/B2Q1gbLkYQvF39rgVL7vcg
228	2022年10月10日	新媒体	钱江晚报	展讯：什么是"和合文化"？辽博史上最大规模特展，400+珍品一起回答你	https://mbd.baidu.com/newspage/data/landingsuper?rs=564847714&ruk=lfmaEVFIsm0adOaceyeg_A&isBdboxFrom=1&pageType=1&urlext=%7B%22cuid%22%3A%220avcf_80B8_Ja2ib_8B_igavS8_6PH89_Ovpu_iI2uKr0qqSB%22%7D&context=%7B%22nid%22%3A%22news_9593564996251194127%22%7D
229	2022年10月10日	新媒体	环球网	清明上河图在辽博展出 再现中国和合之美	http://henan.china.com.cn/m/2022-10/10/content_42132224.html
230	2022年10月10日	新媒体	大公报	市井万象 "和合中国"	http://www.takungpao.com/culture/237140/2022/1010/773640.html
231	2022年10月11日	新媒体	澎湃新闻	一览辽博特展全貌，《和合中国》呈现五百高清文物图	图片已保存
232	2022年10月11日	新媒体	雅昌艺术网	辽博史上规模最大特展！用400余件文物之美解读"和合中国"，附图录全目录	http://news.sohu.com/a/591882418_149159
233	2022年10月11日	新媒体	北国网 辽宁日报	牢记嘱托 辽宁实践：汇聚文化之光 激扬振兴力量——关于辽宁加快推进文化强省建设的报告	http://news.lnd.com.cn/system/2022/10/11/030349996.shtml
234	2022年10月12日	新媒体	新华社	直播：先睹为快 88件一级文物在辽展出	https://h.xinhuaxmt.com/vh512/scene/11163046?channel=weixin
235	2022年10月12日	新媒体	新华网	88件一级文物在辽博展出	http://liaoning.nen.com.cn/network/liaoningnews/zymtkln/2022/10/12/434761706749563539.shtml
236	2022年10月12日	新媒体	博物馆｜看展览	辽博史上最大规模特展！88件一级文物倾囊而出，中国书画史上的皇皇巨制一并呈现	https://mp.weixin.qq.com/s/rdACa85q11Ck0qeJ8SgmPQ
237	2022年10月12日	新媒体	人民论坛网	辽宁省博物馆举办"和合中国"展览	http://art.rmlt.com.cn/2022/1012/657863.shtml
238	2022年10月12日	新媒体	河南省文化和旅游厅	三门峡虢国博物馆馆藏文物亮相"和合中国"特展	https://henan.china.com/news/dsxy/2022/1012/2530315963.html

续表

序号	报道时间	媒体类型	媒体名称	新闻标题	相关链接或说明
239	2022年10月13日	新媒体	辽宁省委网信办	辽博史上规模最大特展！在402件/组展品中读懂中国	https://m.weibo.cn/status/4824058699190145?sourceType=weixin&from=10CA095010&wm=20005_0002&featurecode=newtitle
240	2022年10月13日	新媒体	经济日报	"和合中国"特展传扬"和合"文化	https://mbd.baidu.com/ug_share/mbox/4a83aa9e65/share?product=smartapp&tk=c569e6ecba4adf7cf6878229d02ab628&share_url=https%3A%2F%2F05vig8.smartapps.cn%2Fpages_sub%2Farticle%2Farticle%3Fdataid%3Dcomos%3Amqmmthc0725929%26_swebbfr%3D1%26_swebFromHost%3Dbaiduboxapp&domain=mbd.baidu.com
241	2022年10月13日	新媒体	新京报	88件一级文物，辽博史上规模最大特展即日起开展	https://www.163.com/dy/article/HJICN1HM0512D3VJ.html?clickfrom=w_wh
242	2022年10月15日	新媒体	人民日报客户端	辽沈观澜：这几年，这些展！新中国第一座博物馆玩"出圈"	http://ln.people.com.cn/n2/2022/1015/c378317-40161320.html
243	2022年10月15日	新媒体	辽沈晚报	丝路上发现的文物见证东西方文化交流	http://news.lnd.com.cn/system/2022/11/15/030359166.shtml
244	2022年10月19日	新媒体	辽宁日报	22家博物馆镇馆之宝一起讲述"和合"	http://liaoning.nen.com.cn/network/liaoningnews/lnnewskejiao/2022/10/19/437184641489704086.html
245	2022年10月25日	新媒体	人民日报	人民日报海外版聚焦辽博特展：珍品文物阐释"和合中国"	https://wap.peopleapp.com/article/6902190/6764771
246	2022年10月25日	新媒体	辽宁日报	"和合"特展引入数字技术 观众可以静坐画中看四季	https://k.sina.com.cn/article_7517400647_1c0126e4705903tq5n.html
247	2022年10月25日	新媒体	辽宁日报	看展式社交 引领新时尚	https://travel.gmw.cn/2022-10/25/content_36112020.htm
248	2022年10月27日	新媒体	解放日报	在被遗忘的界画中，品味那时繁华	https://culture.china.com/expo_news/11171063/20221027/43745634.html
249	2022年10月27日	新媒体	沈阳日报	《百鸟朝凤图》卷背后的故事	http://liaoning.nen.com.cn/network/liaoningnews/lnnewskejiao/2022/10/27/440109027003733329.html
250	2022年10月28日	新媒体	中国日报	辽宁省博物馆：八大亮点展现"和合中国"	https://new.qq.com/rain/a/20221028A03R5R00
251	2022年10月28日	新媒体	辽宁日报	鸟兽形玉器带你读懂古人"和合"思想	https://www.workercn.cn/c/2022-10-28/7209512.shtml
252	2022年10月28日	新媒体	中国日报	辽宁省博物馆——用"和合"传统文化弘扬新时代文化自信	https://new.qq.com/rain/a/20221028A03R5U00
253	2022年11月2日	新媒体	新华社	推进文化自信自强 铸就社会主义文化新辉煌	https://h.xinhuaxmt.com/vh512/share/11182618?d=1348cae&channel=weixin
254	2022年11月2日	新媒体	辽宁日报	"和合中国"特展按照主题陈设文物	http://liaoning.nen.com.cn/network/liaoningnews/lnnewskejiao/2022/11/02/442322528342381526.html
255	2022年11月2日	新媒体	北国网 辽宁日报	"和合中国"特展按照主题陈设文物 在"听泉"与"行旅"中体会天人合一	http://news.lnd.com.cn/system/2022/11/02/030355892.shtml
256	2022年11月10日	新媒体	辽沈晚报	来看看文天祥的书法作品 听他的"学习心得"	http://news.lnd.com.cn/system/2022/11/10/030358077.shtml

续表

序号	报道时间	媒体类型	媒体名称	新闻标题	相关链接或说明
257	2022年11月11日	新媒体	北青网	"和合中国"与"园中雅趣"：辽博双展宝物集结	https://www.sohu.com/a/604525508_255783
258	2022年11月14日	新媒体	北国网 辽沈晚报	两件重磅文物"驾到"辽博 均为首次来辽	http://epaper.lnd.com.cn/lswbepaper/pad/con/202211/14/content_169785.html
259	2022年11月18日	新媒体	新华网	乘船、烹茶、赏山水……看古人郊游怎么玩？	https://my-h5news.app.xinhuanet.com/xhh-pc/article/?id=4ee0303da7be5579a58a6408ac86e4e3&timestamp=51421
260	2022年12月6日	新媒体	北斗融媒	《和合中国》震撼来袭！	https://weibo.com/5822206027/MimbGtx55#repost
261	2022年10月7日	广播电视	东方卫视	辽博史上规模最大特展"和合中国"展览明开展	https://v.youku.com/v_show/id_XNTkwOTc1NjMyMA==.html
262	2022年10月8日	广播电视	辽宁新闻	"和合中国"特展在辽宁省博物馆开展	http://liaoning.nen.com.cn/network/liaoningnews/lnnewsliaoshi/2022/10/08/433360063185295134.shtml
263	2022年10月8日	广播电视	辽宁卫视说天下	辽博年度大展"和合中国"10月8日重磅登场	https://bdrm.bdy.lnyun.com.cn/NRpaisss/NRfx_pl.html?id=433633775612597190&divcol=202210
264	2022年10月8日	广播电视	沈阳新闻综合频道看今天	《和合中国》——辽博史上最大规模特展今日开展	视频号
265	2022年10月8日	广播电视	沈阳新闻	辽博史上最大规模特展《和合中国》开展	视频号
266	2022年10月9日	广播电视	新北方	《和合中国》——辽博史上最大规模特展开展	北斗融媒
267	2022年10月28日	广播电视	直播生活	看"和合中国"！主播带您领略辽博特展（1）	直播生活视频号
268	2022年10月28日	广播电视	直播生活	看"和合中国"！主播带您领略辽博特展（2）	直播生活视频号
269	2022年10月28日	广播电视	直播生活	看"和合中国"！主播带您领略辽博特展（3）	直播生活视频号
270	2022年11月10日	广播电视	辽视新知	新知关注：一眼千年 宋徽宗的"小学生课本"	https://bdrm.bdy.lnyun.com.cn/NRpaisss/NRfx_pl.html?id=446024306380509242&divcol=202211
271	2022年11月13日	广播电视	太原广播电视台	沈阳：《和合中国》——辽博史上最大规模特展开展	https://www.ixigua.com/7165391601500422663?wid_try=1
272	2022年11月17日	广播电视	新北方	和合中国展品调整	北斗融媒
273	2022年10月6日	新媒体	沈阳日报	辽博国庆假期活动丰富多彩	http://news.nen.com.cn/network/international/zhuantibaodaonews/gqj/2022/10/06/432435192846620530.shtml
274	2022年10月13日	新媒体	东北新闻网	辽宁省博物馆《辽宁省博物馆年鉴2021》、《乐·土——辽宁古生物化石精品展》科普读物、《字说字话——中华传统文化系列教育展读本》出版项目成交公告	http://gs.nen.com.cn/network/zfcg/zfcg/2022/10/13/435119842811450961.shtml
275	2022年10月23日	新媒体	北斗融媒	中国智慧二十四节气——对话·节气与文物：霜降	https://haokan.baidu.com/v?vid=11601307813638005645

续表

序号	报道时间	媒体类型	媒体名称	新闻标题	相关链接或说明
276	2022年10月25日	新媒体	学习强国	【云游博物馆】辽宁古生物化石精品展：在中国首次发现的恐龙蛋——圆形蛋	https://article.xuexi.cn/articles/index.html?art_id=17578897070986852371&source=share&cdn=https%3A%2F%2Fregion-liaoning-resource&study_style_id=feeds_opaque&reco_id=101edd41777bc0a8865f000z&share_to=wx_single&study_share_enable=1&study_comment_disable=1&ptype=0&item_id=17578897070986852371
277	2022年10月24日	新媒体	辽宁日报	大型精品古生物化石展，辽博首次举办，10月25日开展	https://wap.lnrbxmt.com/news_details.html?from=androidapp&id=310373&timestamp=66946964445434604
278	2022年10月24日	新媒体	沈阳晚报	明日开展！赶快去辽宁省博物馆免费参观！	https://www.sohu.com/a/594982148_349248
279	2022年10月25日	新媒体	浪观辽宁	打卡博物馆【乐·土——辽宁古生物化石精品展】	https://m.weibo.cn/status/4828387329966632?wm=3333_2001&from=10CA093010&sourcetype=weixin
280	2022年10月24日	广播电视	新北方	辽博再办新展 这次展品挺特别|北斗融媒	https://bdrm.bdy.lnyun.com.cn/NRpaisss/NRfx_pl.html?id=439195463921439894&divcol=202210
281	2022年10月24日	广播电视	新北方	多个"世界之最"亮相 一起探寻辽宁生物密码	https://bdrm.bdy.lnyun.com.cn/NRpaisss/NRfx_pl.html?id=439203501361337911&divcol=202210
282	2022年10月25日	新媒体	中国新闻网	国宝级古生物化石亮相辽博 还原中生代生活场景	https://m.chinanews.com/wap/detail/chs/zw/9879774.shtml
283	2022年10月25日	新媒体	北国·辽宁日报	现场：回到远古！辽宁省博物馆首次大规模展出精品化石！	https://wap.lnrbxmt.com/video_details.html?from=androidapp&id=310384&timestamp=67032852419041283
284	2022年10月25日	新媒体	中新网	"恐龙幼儿园"亮相辽宁古生物化石精品展	http://liaoning.nen.com.cn/network/liaoningnews/zymtkln/2022/10/25/439501431796405206.shtml
285	2022年10月25日	新媒体	东北新闻网	120余件化石展现我省古生物面貌	http://liaoning.nen.com.cn/network/liaoningnews/lnnewskejiao/2022/10/25/439377153449006230.shtml
286	2022年10月25日	新媒体	沈阳公交网	沈阳人注意！免费参观恐龙化石！史上规模最大……	https://www.163.com/dy/article/HKG267BK0534B5BK.html
287	2022年10月25日	新媒体	沈阳晚报	"乐·土——辽宁古生物化石精品展"今日在辽博开展	http://www.ln.chinanews.com.cn/news/2022/1025/328565.html
288	2022年10月26日	广播电视	直播生活	"乐·土——辽宁古生物化石精品展"即将盛大开展	直播生活视频号
289	2022年10月27日	新媒体	今日辽宁	"乐·土——辽宁古生物化石精品展"10月25日开展 到辽博来一场远古生命的视觉盛宴	https://mp.weixin.qq.com/s/Xyzq5cUQKUAPWWkgRBafcA
290	2022年10月28日	新媒体	光明日报	120余件化石还原中生代时期生物乐土	http://cul.china.com.cn/2022-10/28/content_42151964.htm
291	2022年10月28日	广播电视	沈阳新闻第一现场	陪你一起逛个展——辽博首次揭秘远古生命密码	https://sjvue.yunshengjing.com/?isApp=0#/YjbDetailFx/130172
292	2022年10月28日	新媒体	大公报	市井万象 "乐·土"	http://www.takungpao.com/culture/237140/2022/1028/780453.html

续表

序号	报道时间	媒体类型	媒体名称	新闻标题	相关链接或说明
293	2022年10月29日	新媒体	新华社	120余件古生物化石再现中生代古生物面貌	https://h.xinhuaxmt.com/vh512/share/11177378?d=1348c65&channel=weixin
294	2022年10月30日	新媒体	央广网	120余件化石还原中生代时期生物乐土	https://www.163.com/dy/article/HKTRD1I80514R9NP.html
295	2022年11月2日	新媒体	新华社	推进文化自信自强 铸就社会主义文化新辉煌	https://h.xinhuaxmt.com/vh512/share/11182618?d=1348cae&channel=weixin
296	2022年11月14日	新媒体	新华网客户端	"云"赏景泰蓝 感受传统制作工艺	https://my-h5news.app.xinhuanet.com/xhh-pc/article/?id=1b6fc53d9e5948e02d36ff32d39829ab&timestamp=18422
297	2022年11月20日	新媒体	央视文艺	唐朝仕女"活"了起来！《诗画中国》唯美演绎《簪花仕女图》卷	https://mp.weixin.qq.com/s/c_caG6qTWOd67dovgV1tIw
298	2022年11月21日	广播电视	沈阳新闻综合频道看今天	唐朝仕女"活"了！——花一叶巧复原 一颦一笑细打磨	沈阳新闻视频号
299	2022年11月21日	广播电视	沈阳新闻	人从画中来：沈阳歌舞团唯美演绎《簪花仕女图》亮相央视	沈阳新闻视频号
300	2022年11月22日	新媒体	辽宁日报	辽宁省博物馆镇馆之宝《簪花仕女图》"复活"央视舞台	https://www.sohu.com/a/608521465_121484604
301	2022年12月8日	新媒体	中工网	辽宁省博物馆馆藏元代青花瓷器首次集中展出	https://www.sohu.com/a/615274482_257321
302	2022年12月8日	新媒体	人民日报客户端	辽宁省博物馆举办"青花清韵"元青花瓷器展	https://baijiahao.baidu.com/s?id=1751650991367745831
303	2022年12月9日	广播电视	新北方	辽宁省博物馆馆藏元代青花瓷器首次集中展出	北斗融媒
304	2022年12月10日	广播电视	辽视新知	辽宁省博物馆推出元代青花瓷器	北斗融媒
305	2022年12月9日	新媒体	辽宁日报	辽宁仨项目入选全国文博社教百强案例	https://www.sohu.com/a/615342076_121484604
306	2022年12月27日	新媒体	新民晚报	一场"教科书级"的西方艺术史大展今日在辽博开展	https://news.xinmin.cn/2022/12/27/32288140.html
307	2022年12月27日	新媒体	人民日报客户端	对望与凝视——东京富士美术馆藏西方绘画精选展	https://wap.peopleapp.com/article/rmh33110329/rmh33110329
308	2022年12月27日	新媒体	博物馆世界	今日开展｜视觉艺术的饕餮盛宴：对望与凝视——东京富士美术馆藏西方绘画精选展	https://www.sohu.com/a/621539199_121107011
309	2022年12月28日	新媒体	文旅中国	艺术｜对望与凝视——东京富士美术馆藏西方绘画精选展在辽宁省博物馆开展	https://share.ccmapp.cn/shareDetail?action=opendetail%3Brichtext%3B63ac13ebb9972000008396ae0
310	2022年12月28日	新媒体	人民网	"对望与凝视——东京富士美术馆藏西方绘画精选展"亮相辽博	http://japan.people.com.cn/n1/2022/1228/c35421-32595143.html
311	2022年12月29日	新媒体	度看辽宁	辽博跨年大展｜东京富士美术馆藏西方绘画精选展！	https://baijiahao.baidu.com/s?id=1753531209795267984
312	2022年12月30日	新媒体	沈阳日报	"东京富士美术馆藏西方绘画精选展"在辽博举行	https://finance.sina.com.cn/jjxw/2022-12-30/doc-imxykuvw9405760.shtml

续表

序号	报道时间	媒体类型	媒体名称	新闻标题	相关链接或说明
313	2022年12月31日	新媒体	新华社新闻	"对望与凝视——东京富士美术馆藏西方绘画精选展"亮相辽宁省博物馆	https://view.inews.qq.com/a/20221231A04XDZ00
314	2022年11月21日	纸媒	沈阳日报	绝美舞姿演"活"国宝《簪花仕女图》	8版
315	2022年11月21日	纸媒	沈阳日报	"和合中国"特展再增两件国宝级文物	8版
316	2022年11月22日	纸媒	辽宁日报	镇馆之宝《簪花仕女图》出画成舞	09版
317	2022年11月22日	纸媒	辽沈晚报	辽博镇馆之宝"活"了	头版转03版
318	2022年12月6日	纸媒	中国文物报·展览专刊	第二届全国文化创意产品推介参评产品展示（六）	8版
319	2022年12月11日	纸媒	辽沈晚报	孩子们用自己的方式讲述国宝	05版
320	2022年12月14日	纸媒	辽宁日报	"和合中国"展再添7件珍贵文物	08版
321	2022年12月14日	纸媒	辽宁日报	王充闾："和合"是中华民族一种内在的精神特质	08版
322	2022年12月14日	纸媒	辽宁日报	龚良：让人从文物里读懂"和合"很可贵	08版
323	2022年12月14日	纸媒	辽宁日报	张颐武：围绕主题拓展式策展值得点赞	08版
324	2022年1月29日	电视广播	生活导报	夜场演出精致唯美 "和合中国"展览闭幕	https://bdrm.bdy.lnyun.com.cn/NRpaisss/NRfx_pl.html?id=474335715853865617&divcol=202301

网络及信息化建设

2022 年，信息宣传部在馆领导班子的正确领导下，在部门职工的齐心协力下，按照年度部门工作目标责任书及一级馆评估指标要求，较好地完成了全年各项工作任务。

一、智慧博物馆建设工作

2022 年，本馆继续进行辽宁省博物馆智慧博物馆（一期）建设工作，并完成了一期建设主体框架搭建工作。辽博智慧博物馆（一期）主要包括统一基础构架支撑平台，并在此基础上完成办公自动化系统、全媒体数字资源库等模块建设、展览项目管理、志愿者管理、社教活动管理、文物修复管理、博物馆运行大数据分析、图书管理模块，以及数字辽博小程序的开发。

辽宁省博物馆智慧博物馆建设（一期）项目的建设，可使馆内的各项业务工作内容实现数字化，同时可整合、盘活辽博现有数字资源，此外与博物馆现有观众信息管理系统与藏品数字管理系统实现对接后，可达到博物馆中的人（包括博物馆工作者、现场观众和线上观众）、物（包括藏品、图书等）的信息可动态感知，并通过网络汇集，实现博物馆各项工作数据的实时更新，使辽博的人、物、数据三者之间建立更加全面、深入和广泛的互联互通。

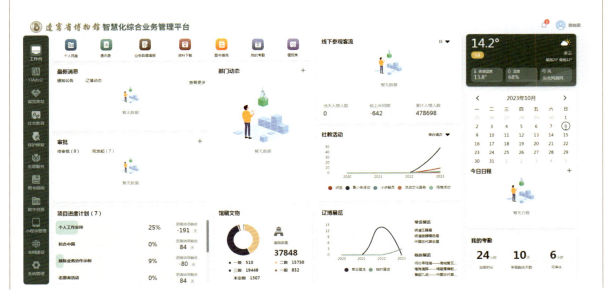

二、展览及文物数字化采集及制作

2022 年，完成"和合中国""青花清韵"等 9 个临时展览的 VR 展厅采集与制作工作，并在官方公众号及官网对公众发布。配合展览及业务交流活动，完成"和合中国""辽宁古生物化石展""兔年生肖展""雷锋日记""光影有声——走进皮影的世界""人·境——古代文人的园林雅趣""辽宁省非物质文化遗产雕刻技艺专题展"及外馆借展、业务交流等文物图片的拍摄和扫描工作。共计 652 件／套，照片 4857 张；拍摄各类会议、领导参观、指导工作等照片共 2722 张。配合馆内展览、社教活动、培训会议、流动展览车送展等完成现场摄录采编工作，完成摄录任务 13 个。并将剪辑后的视频及时存档并报送相关部门。

三、网络及多媒体建设

全年累计维修维护各类网络交换机、服务器故障 118 次；维修电话交换系统故障 73 次；全年解决电脑设备报修 104 次；全年共维修各类多媒体设备 183 次。对全馆无线网络系统设备进行升级和更换。馆内 AP 点位全部换新，并由原来的 91 个点位增加到 200 个点位，确保 Wi-Fi 信号全覆盖。本馆对外网络接入电子政务外网，完成电子政务外网交割施工及设备安装。

根据馆内展览、业务活动及重要节日需要及时制作更新 LED 屏各类信息，全年更新各类信息共计 50 余次。配合"和合中国"等临时展览安装电视、投影等设备及相关视频内容。与后勤保障部联合在职工食堂及观众餐厅安装电视机网络视频播放系统。

四、官方网站及新媒体宣传工作

全年完成辽博官网的三级等保公安备案工作，并将官网从华为云迁至联通云，进行了相关安全防护产品的配置，保障网站安全运行。2022 年官网共更新、替换信息及文物图片 532 条，上传线上课程视频 38 个，全景线上数字展览 9 个，浏览量为 723748 人次。抖音、快手等新媒体平台共发布小视频 72 个，浏览量为 213457 人次，辽宁文化号发布信息 136 条。

五、图书资料管理

全年订购图书 127 种，完成 541 册图书和 600 册期刊的编目、录入和上架工作。全年共接待读者 240 人次，借阅次数 210 次，借阅量 260 余册。全年入库的馆内出版物有《巧工夺丽质——辽宁省博物馆藏明清玉器》《唐宋八大家宣传册》《辽金历史与考古》(12)、《辽宁省博物馆馆刊》(2021)、《方寸洞天——鼻烟壶精品展》《西风西岔沟：西汉时期东北民族墓》(3 册 / 套)、

01

02

03

04

03
04
图书上架

01
02
多媒体设备维护

《辽宁省博物馆陈列设计十年回眸》、《和合中国》、《辽博日历》、《北宋徽宗赵佶瑞鹤图》5类图谱等共15种图书，合计7744册。全年用于馆际交流、艺术品商店出售等出库出版物共计1754册。

明代 沈周 魏园雅集图

四

保护与研究

◎ 藏品征集与管理

◎ 文物保护

◎ 文物鉴定

◎ 学术与出版

藏品征集与管理

2022 年，典藏部积极按照中心党委和馆党委的要求与部署，扎实筑牢文物安全底线，并依照年度工作目标责任书和一级馆评估工作要求，扎实有效地开展各项工作，以夯实库房管理为重点，以实现精细化藏品管理为目标，继续强化文物安全底线思维，在完成年度日常工作的基础上，藏品管理、库房管理水平等方面得到了明显提升，藏品编目与征集工作取得新突破。

一、藏品管理

1. 强化藏品管理制度建设

博物馆藏品管理必须有严密、健全的制度，各项工作必须有章可循，做到手续清楚、职责分明。建立和健全藏品管理规章制度是实现藏品管理科学化的根本保障。对藏品管理工作的要求加以系统化和条理化是藏品管理各项工作的准则。

03

04

为适应新时代藏品管理工作需要，根据现阶段本馆藏品管理面临的新形势，经典藏部补充完善、多层级审校的《辽宁省博物馆藏品管理办法》即将实施，力求从制度层面规范藏品管理工作各环节。

随着博物馆社会化进程不断加深，公共文化服务水平不断提升，陈列展览的频次不断加强，合作办展更加频繁，文物藏品的使用频率逐年递增，在制度层面进一步规范文物藏品点交、馆内外文物／物品暂存尤为必要。典藏部修订了《辽宁省博物馆文物藏品点交规范》与《辽宁省博物馆文物／物品暂存办法》。

2. 高标准高质量完成藏品日常管理工作

2022年，典藏部完成了藏品提用、观摩、更换、信息采集与校对、信息填报与上传等藏品日常管理工作，其中陈列、出版、借出、照相、修复、观摩、拓印、研究等17000余件／组藏品提用；提供馆外20余项文化交流项目的藏品观摩，观摩藏品500余件／套；完成古籍类1865件／组（28260册）部分函套的更换、排架，以及文杂、资杂类古籍函套更换；完成新入藏古生物化石整理与信息采集、校对（留存原始影像1326张），统计需修复标本100件，具备较高科研价值标本60件；完成古生物化石标本《辽宁省自然资源厅办公系统——辽宁省古生物化石管理平台》信息填报与上传，为下一阶段开展古生物化石征集、研究等工作奠定基础。

二、库房管理

文物库房是博物馆重地，也是博物馆的核心部分。库房内外不得存放易燃、易爆并有碍文物安全的物品，库房内外环境要保持干净、整洁，每年春秋两次采取防虫、防潮的各类措施是博物馆界的共识。典藏部持续强化文物安全的底线意识，坚持年度库房安全检查制度，做到库区、库房内全覆盖巡检，全年文物安全无事故。

1. 加强库房门安全管理

库房总门是库房安全的第一道安全防线，一年两次维护保养，确保总门安全使用。2014 年文物库房十防门投入使用以来，陆续出现一些安全隐患。为此，典藏部请馆后勤保障部对 12 间库房门进行了全方位的安全检查与维修，并配合馆安全保卫部定期检查库房内的安防、消防设施设备，开展各种器械、照明设备维护保养。

2. 加强藏品管理员消防安全培训

为提高藏品管理员应对和处置库房突发紧急情况的能力，典藏部邀请馆安全保卫部对藏品管理员进行专业的安防、消防设施设备使用培训，保证藏品管理员熟练掌握使用消防设施设备方法，确保如遇紧急情况能够高效地使用消防设备。

3. 加强藏品预防性保护设备保障

2019 年以来，在省文化演艺集团的支持下，辽博文物库房开展了藏品预防性保护设备提升，定制各门类大件藏品、碑刻石刻类、古生物类、资杂类安全存放设备，解决了长期以来部分门类藏品安全保护问题。

2022 年，为继续完善藏品可预防性保护工作，典藏部完成了 1 号文物库房重型藏品安全存放设备、12 号资杂类文物库房藏品安全存放设备的招标

01

02

03

04

05

06

07

08

09

采购与安装工作，为藏品的科学管理和预防性保护夯实了基础。

三、藏品编目征集

1. 日常工作

文物征集工作按照未来发展的总体要求，以"为了明天而征集今天"明确的目的性、科学的计划性和建立完整的藏品体系为原则，从陈列、研究、优先征集辽宁地域文化遗存的实际出发，2022年藏品征集取得新突破，征集门类更加多样、内容更加丰富、渠道更加宽泛。

全年征集辽宁省文物总店藏红山文化玉钩形器、玉筒形器等珍贵文物52件／套；接收了阜新市公安局移交的元青花缠枝牡丹纹盖罐等8件涉案瓷器；接收抚顺市检察院移交的"祖国山河一片红""猴票"珍贵邮票，以及省机关事务管理局移交的重要现当代名家书画作品等。全年严格依据《国有博物馆藏品征集规程》各项程序，通过各种渠道共征集入藏文物资料111件／套，极大地丰富了馆藏文物，同时革命文物征集工作也在有条不紊地进行，争取2023年入藏一批符合馆藏特色的革命文物藏品。

07

08

09

10

11

11 入藏元青白釉印花折枝芙蓉花纹盘
10 入藏元青白釉印花折枝芙蓉花纹盘
09 入藏元卵白釉印花缠枝菊纹盘
08 入藏元卵白釉印花双龙纹高足杯
07 入藏元青花束莲纹碗
06 入藏元青花缠枝栀子花纹高足杯
05 入藏元青花缠枝牡丹纹高足杯
04 入藏元青花缠枝牡丹纹盖罐
02、03 新征集珍贵文物——红山文化玉筒形器
01 新征集珍贵文物——红山文化玉匕形器

2. 综合性工作

2022 年，典藏部在完成编目征集日常管理工作的基础上，通过完成"全国古籍重点保护单位复核"、馆藏一级文物档案信息的填报并提交审核和馆藏碑刻石刻类文物调查报告，致力于提升辽宁省博物馆藏品管理等级。

（1）完成"全国古籍重点保护单位复核"工作

根据《文化和旅游部办公厅关于开展全国古籍重点保护单位复核工作的通知》，典藏部按照要求，协调馆内其他部门填报了《全国重点古籍保护单位复核评分表》，并提交了《辽宁省博物馆古籍保护单位复核自查报告》，于 7 月 14 日接受了辽宁省文化和旅游厅组织的专家组进行的实地复核，并针对实地复核工作中专家提出的问题进行了整改，补齐短板，圆满完成了"全国古籍重点保护单位复核"工作。

（2）完成馆藏一级文物档案信息的填报并提交审核

按照《国家文物局办公室关于组织开展馆藏一级文物备案复核工作的通知》，典藏部开展网上填报馆藏一级文物档案信息的具体工作，完善馆藏一级文物数据信息、鉴定信息、影像资料等，并于 2022 年完成馆藏 434 件／组一级文物档案信息的填报并提交省文物局审核。

（3）完成馆藏碑刻石刻类文物调查报告

辽宁省博物馆碑刻石刻藏品独具特色，现有文物 263 件／组，其中碑碣文物 20 件／组，墓志文物 118 件／组、题刻文物 64 件／组，其他文物 61 件／组。按照《国家文物局关于开展全国名碑名刻文物遴选推荐及碑刻石刻文物资源摸底调研工作的通知》的相关要求，典藏部填报了《名碑名刻文物推荐项目登记表》《名碑名刻文物推荐项目汇总表》，并提交了《辽宁省博物馆馆藏碑刻石刻类文物调查报告》，完成了馆藏 21 通（方）碑刻石刻类文物的相关数据和影像信息填报，按照规定时间节点完成了推荐和摸底调研工作，其中"馆藏碑刻石刻类文物调查报告"得到省文物局的好评，被推荐为样本报告。

01

四、推出陈列展览

典藏部在提升藏品管理水平的同时，积极践行总书记关于文化文物工作的重要指示批示精神，进一步落实文物活化利用工作，在收集、保护辽宁优秀地域文化遗产的同时，将地域文化遗产以展览形式呈现给社会公众，向社会推介辽宁文化。

中国是世界古生物化石发现大国、研究强国。辽宁古生物化石资源丰富，是化石资源大省，化石总量居全国前列，是享誉世界的化石重要产地，拥有 30 多亿年的地质历史。辽博以馆藏古生物化石为基础，在省公共文化服务中心指导下，在省自然资源厅协调下，典藏部策展团队克服困难，从省内 11 家古生物化石资质收藏单位近 4000 件藏品中遴选出 87 件精品，与馆藏 40 件精品有机结合，凝练为"乐·土——辽宁古生物化石精品展"。

文物保护

2022 年，辽宁省博物馆文物保护部正在开展文物保护修复项目 9 项，其中国家级文物保护修复项目 1 项，省级文物保护修复项目 8 项。本年度结项项目 4 项，包括"辽宁省博物馆馆藏书画保护修复""辽宁省博物馆藏高句丽金属文物保护修复""辽宁省博物馆藏辽代釉陶保护修复"和"喀左县博物馆藏丝织品保护修复"（二期）。2022 年开展科研项目 1 项，即"辽宁省朝阳市北塔博物馆馆藏壁画保护修复前期研究"。2022 年正在开展的新拓展业务方向——实验室考古 1 项，正在开展项目为"辽宁省康平张家窑林场 1 号辽代贵族墓葬实验室考古"。2022 年，保护修复馆藏文物 72 件 / 套，日常维护文物 180 件 / 套。完成文创产品制作 65 件 / 套。

一、规范推进文物保护修复项目

年度内 4 项文物保护修复项目通过结项验收，分别是"辽宁省博物馆馆藏书画保护修复""辽宁省博物馆藏高句丽金属文物保护修复""辽宁省博物馆藏辽代釉陶保护修复"和"喀左县博物馆藏丝织品保护修复"（二期）。

01

02

07 三足执柄小铁锅——保护后
06 三足执柄小铁锅——保护前
05 CT 探伤
04 明董其昌行书「云笈」卷——保护后
03 明董其昌行书「云笈」卷——保护前（局部）
02 项目验收汇报现场
01 结项报告

1. "辽宁省博物馆馆藏书画保护修复"项目

以本项目为起点，辽博全面系统有计划地推进馆藏书画类文物的保护修复，实现有效保护书画类文物的同时，逐步建立古代书画信息档案、古代书画文物修复档案。本项目保护修复书画文物27件／套，在装裱形制调查、形貌观察保护前后 pH 检测等系列研究的基础上，开展了文物本体保护，实现了尽可能延长文物寿命的目的，同时可满足陈列展览的需求。

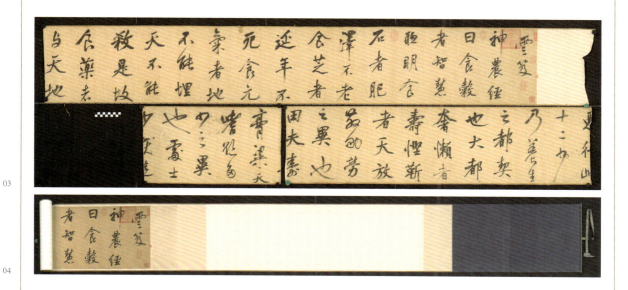

2. "辽宁省博物馆藏高句丽金属文物保护修复"项目

本项目是辽博按计划开展的馆藏地方特色文物保护修复项目之一。除开展本体保护修复之外，项目通过扫描电镜—能谱分析、显微激光拉曼、激光诱导击穿光谱和探伤检测等系统分析，初步探讨了馆藏高句丽金属器制造工艺和病害机理。

3. "辽宁省博物馆藏辽代釉陶保护修复"项目

本项目是辽博按计划开展的馆藏地方特色文物保护修复项目之一。本项目筛选了 12 件辽代釉陶实施分析研究和保护修复，通过文物本体成分分析和形貌观察初步掌握了辽代釉陶基本特征，通过对病害成分分析和 CT 探伤掌握了病害的主要类型和病害程度。在科技分析的基础上，采用传统修复方法实施本体保护，取得了较好效果，实现了尽可能延长文物寿命的目的，同时可用于陈列展览和研究。

4. "喀左县博物馆藏清代丝织品保护修复"（二期）项目

受喀左县博物馆委托，辽博分别于 2019 年和 2020 年承担了喀左县博物馆藏清代丝织品的保护修复。其中，"喀左县博物馆藏清代丝织品保护修复"（二期）项目于 2019 年承担，2021 年实施，2022 年结项验收，项目开展得到了与会专家和喀左县博物馆的一致好评。该项目修复对象为 2 件出土被褥，是辽宁省博物馆近年来开展的极具代表性的修复案例。以此项目和一期项目为主体，辽宁省博物馆完成了"全国十佳文物藏品修复项目推介活动"申报工作。

01

02

03

04

05

二、面向全省积极承担文物保护修复项目

为更好地发挥省级大馆在文物保护方面的资源优势，辽博积极帮助省内文博单位开展可移动文物保护修复。2022 年，辽博承担了"辽宁省朝阳市北塔博物馆馆藏壁画保护修复前期研究"工作，这是辽宁省博物馆近三年来承担的第三个省内地市博物馆委托的文物保护修复项目、第一个以工艺科技分析研究为主的文物保护项目。项目采用将贴敷在壁画表面的宣纸和纱布揭开，露出画面；再使用色度测量、电镜及能谱分析、激光粒度分析、GC-MS 分析等技术手段，分析壁画的制作材料与工艺，调查统计壁画病害并绘制病害图，为历史、宗教、艺术、社会研究的开展提供科学依据，为修复方案的编制提供物质与数据基础，进而编制规范可行的壁画保护修复方案，最终尽可能将壁画呈现在关注者面前。

三、积极申报国家奖项

2022 年，辽博参加了由中国文物学会、中国文物报社联合组织开展的"2022 全国十佳文物藏品十佳项目推介"活动，申报项目为"喀左县博物馆藏清代丝织品保护修复"，项目在保护文物本体、关于修复理论的再思考、科研工作开展、将现代技术与传统工艺相结合、工艺分析研究、"馆校合作"开展、社会影响力等方面都取得了显著成果。项目解决了考古出土丝织品文物的清洁问题、补配材料染色问题和丝织品文物保护修复针法选择等问题，尤其是补配材料染色问题作为专项课题进行了深入研究，已结项，并得到国内知名专家肯定。因此，"喀左县博物馆藏清代丝织品保护修复"项目的开展完全符合"2022 全国十佳文物藏品十佳项目推介"活动的相关要求，并具有自身特点和参评优势。

四、注重文物保护人才培养

1. 加强内部人员业务培训

2022 年度内，9 人次分别参加"首届中国油画藏品现状与保护研讨会""馆藏文物预防性保护与修复技术研修班""全国博物馆综合业务培训班"和"全国博物馆展览实践高级讲习班"等线上、线下培训班；"5·18 国际博物馆日"和"文化和自然遗产日"期间，推出"有机质文物真菌病害及有害昆虫的防治""现代科学技术在文物保护技术中的应用"和"私人收藏陶瓷器保管和保护建议"3 场讲座；选派 1 人次参加国家文物局举办的 2022 全国文物职业技能竞赛。

2. 提供高校人才培养平台

2022 年，辽博文物保护部分别为西北大学、北京科技大学和南京艺术学院本、硕文物保护方向学生 5 人提供实习平台，为文物保护高层次人才培养贡献力量。

01

02

01、02 高校学生实习

文物鉴定

2022 年，文物鉴定部在馆领导班子的正确领导下，部门同志团结协作，共同努力，践行不忘初心、牢记使命，较好地履行了文物鉴定工作、打击文物犯罪、保护文物、服务社会的职责，较好地完成了年度工作任务。

一、业务工作

全省涉案文物鉴定工作是文物鉴定部的主要工作职责，2022 年度共完成涉案文物鉴定工作 67 次，鉴定可移动物品 92408 件／套，包括 300 余公斤金属钱币、青铜器、骨石器、瓷器、玉器、书画等。经鉴定，确定文物 90535 件／套，其中二级文物 2 件／套，三级文物 29 件／套，还有 300 余公斤的铜钱币经分拣清点，确定 76942 枚为古钱币。鉴定不可移动地点 36 处，确定为古文化遗址、古墓葬 34 处。

二、其他工作

1. 人员培养

为提升文物专业理论水平，部门全体人员积极参加国家文物局等相关部门举办的线上专业培训 5 次。

2. "青花清韵——元青花瓷器展" 的策划、筹备及展出

部门年内策划并筹备元青花瓷器展，于 12 月 8 日正式开展，以本馆馆藏 10 件元青花瓷器为主体，辅以 300 多张图像资料，较为全面地向观众展

01

02

03

05　04　03　02　01
省　国　涉　抚　涉
直　标　案　顺　案
单　工　地　检　文
位　作　点　察　物
文　组　鉴　院　鉴
物　讨　定　文　定
鉴　论　　　物
定　　　　鉴
　　　　　定

04

05

现了元代青花瓷器的独特魅力。

本次展览是部门首次筹办的展览，国家进出境审核辽宁管理处负责人张桂莲指导带领2021年新入馆的博士生林思雨，经过多方筹划展览方案，最终呈现出的精彩展览，是部门本年度完成的重点和亮点工作。

3.国标项目编写工作

年度内继续国家文物局和全国文物保护标准化技术委员会秘书处委托的文物保护国家标准制修订项目——文物出境审核规范（配饰、车具马具、车船舆轿、首饰）的起草编写，本年4月召开了行业专家论证视频会议，9月、10月邀请省标准研究院专家召开项目撰写研讨会议，此项工作还将在国家文物局对标准撰写规范方向指导下继续进行。

4.文物移交工作

年内沟通协调涉案文物单位鲅鱼圈海关、抚顺检察院对涉案文物与馆典藏部办理文物移交。

5.省直单位文物鉴定工作

按照上级相关部门工作部署，与省考古研究院共同对省直10家单位申报的鉴定物品进行文物鉴定。经鉴定，有41件物品确定为文物。

学术与出版

图书出版

1.《辽宁省博物馆馆刊》（2021）责任部门：学术研究部，科学出版社。

2.《和合中国》责任部门：学术研究部，辽宁美术出版社。

3.《方寸洞天——辽宁省博物馆藏鼻烟壶精品集》责任部门：学术研究部，人民美术出版社。

4.《辽博日历·2023》责任部门：学术研究部，辽宁美术出版社。

论文发表

1. 王忠华：《鼻烟壶研究综述》，《方寸洞天——辽宁省博物馆藏鼻烟壶》，人民美术出版社，2022 年 2 月。

2. 王忠华：《先秦玉礼器的"和合"之道》，《和合中国》，辽宁美术出版社，2022 年 9 月。

3. 郭丹：《俄藏 Φ.341〈长阿含经〉出土地探源——基于 LD4983-02、SH.153-8、SH.165-3 及梁玉书、王树枏题跋的考察》，《敦煌吐鲁番研究》（第二十一卷），2022 年 9 月。

4. 马卉：《"和合"文化思想下的丝绸之路》，《和合中国》，2022 年 9 月。

5. 袁芳：《朱氏藏珍——辽宁省博物馆藏与台北故宫藏朱启钤缂丝旧藏》，《典藏古美术》，2022 年 5 月第 356 期。

6. 袁芳：《琉璃叶下琼葩吐，瑞石华萼鸟嘤嘤——辽博缂丝藏品选介》，《湖上》，2022 年 4 月。

7. 袁芳：《盛世滋生图写太平——辽博藏徐扬姑苏繁华图卷赏析》，《大观美术与设计》，2022 年 7 月第 154 期。

8. 袁芳：《交织互鉴　开放包容——从中国古代丝织品纹样风格解读中国和合文化》，《大观美术与设计》，2022 年 11 月第 158 期。

9. 袁芳：《美美与共天下大同——以文物之美解读和合文化》，《大观美术与设计》，2022 年 12 月第 159 期。

10. 何建斌：《刍议馆藏壁画修复的可再处理性》，《卷宗》，2022 年第 5 期。

11. 韩冰：《数字化博物馆的实践应用——辽宁省博物馆智慧博物馆项目》，《数码设计》，2022 年。

12. 韩冰：《数字与技术打造智慧辽宁省博物馆》，《文化辽宁》，2022 年。

13. 康宁：《陈洪绶与莫迪里阿尼的人物画比较》，《东方娱乐周刊》，2022 年。

14. 张莹：《如何发挥博物馆教育文化功能》，《文渊》，2022 年 1 月。

15. 孙焓烯：《穿过历史河流　寻找精神烙印——浅析形式设计的时代意义》，《美丽中国》，2022 年 8 月。

16. 孙焓烯：《幻影成像在博物馆陈列设计中的应用》，《锦绣》，2022 年 6 月。

学术交流

1. 周晓晶：参加2022年3月21—24日在长沙举办的线上"中国玉学玉方文化国际学术研讨会"，宣读论文为《半拉山墓地出土红山文化玉器研究》。

2. 周晓晶：参加"赤峰红山文化高峰论坛"线上会议，发言题为"从玉器看红山文化的容纳力与影响力"。

科研项目

1. 国家社科基金项目"辽西地区出土墓志的整理与研究"（21BKG042）。负责人：么乃亮。研究中。

2. 2019年度国家社科基金重大项目"中国古代石刻文献著录总目（19ZDA288）"，子课题"宋元石刻目"。负责人：么乃亮。研究中。

3. 辽宁省社会科学规划基金项目"唐代石刻所见契丹史料的整理研究"（L19BZS006）。负责人：么乃亮。课题完成。

4. 辽宁省社会科学规划基金项目"辽宁省博物馆藏缂丝研究"。负责人：朴文英。研究中。

5. 辽宁省社会科学规划基金项目"'一带一路'背景下对辽宁省博物馆藏敦煌写经的整理与研究"。负责人：郭丹。研究中。

6. 2021年10月马卉参与辽宁省社会科学规划基金项目"辽宁地区出土青铜器及铭文综合整理研究"。负责人：刘宁；主要参与人：马卉。研究中。

7. 辽宁省文化演艺集团（辽宁省公共文化服务中心）研究课题"鼻烟壶研究"（2021jtyjkt-029）。负责人：王忠华。课题完成。

8. 辽宁省文化演艺集团（辽宁省公共文化服务中心）研究课题"古代辽宁地区饮食文化的考古学观察"（2021jtyjkt-028）。负责人：马卉。课题完成。

9. 辽宁省文化演艺集团（辽宁省公共文化服务中心）研究项目："辽宁地区敦煌文献的调查"（2021jtyjkt-013）。负责人：郭丹。2022年结项。

01 部分省级科研项目立项通知书

10. 辽宁省文化演艺集团（辽宁省公共文化服务中心）研究项目"辽宁省博物馆藏敦煌佛教文献研究"（2022jtyjkt-007）。负责人：郭丹。2022 年立项，研究中。

11. 辽宁省文化演艺集团（辽宁省公共文化服务中心）研究课题"红山文化玉器研究"（2021jtyjkt-003）。负责人：周晓晶。课题完成。

12. 2022 年 5 月完成 2021 年度辽宁省公共文化服务中心自立的课题项目"辽宁省博物馆藏何绍基作品研究"（2021jtyjkt-014）。负责人：张盈袖。课题完成。

13. 辽宁省公共文化服务中心研究课题"辽宁省博物馆藏缂丝包首研究"（2022jtyjkt-013）。负责人：袁芳。2022 年立项，研究中。

其他项目

1. 完成"辽博讲堂"线上专家讲座 4 场。

2. 完成"辽宁国宝"文物访谈节目录制 10 集。

3. 完成"当节气遇上文物"节目录制 12 期。

4. 配合沈阳博物院"璀璨·融合——辽河流域博物馆馆藏精品荟萃"展览，完成相关文物的借展工作。

5. 完成《中国少数民族文物图谱·辽宁卷》（馆藏部分）内容撰写工作。

关于公布集团 2021 年研究项目结项及
2022 年研究项目立项情况的通知

各机构：

按照集团《辽宁省文化发展研究中心课题管理办法（试行）》要求，经专家评审，同意 2021 年 29 个研究项目予以结项，2022 年 15 个研究项目予以立项，具体情况如下。

1. 2021 年 29 个研究项目经过个人申请、初步审查、专家评审后，全部符合结项要求，准予结项（详见附件 1）。

2. 2022 年集团研究项目申报工作已经结束，经过个人申报、初步审查、专家评审，最终确定资助 15 项研究项目，其中重点项目 3 项、一般项目 9 项、青年项目 3 项，准予立项（详见附件 2）。

项目研究周期为 2022 年 7 月-2023 年 6 月，请各机构认真做好项目研究的组织实施工作，确保在规定时限内产出高质量的研究成果。

联系人：王天泥　　联系电话：024-24203027

附件：1. 2021 年集团研究项目结项名单
　　　2. 2022 年集团研究项目立项名单

辽宁省文化演艺集团
（辽宁省公共文化服务中心）
2022 年 7 月 12 日

附件 2

2022 年集团研究项目立项名单

序号	项目类别	项目名称	负责人	申报单位	立项编号	资助金额（千元）
1	重点	关东剧演的承载与嬗变——辽宁本土艺术创新生成机制研究	佟春光	辽宁人民艺术剧院	2022jtyjkt-001	5
2	重点	标准化推动公共图书馆特殊群体文化服务高质量发展研究	杜希林	辽宁省图书馆	2022jtyjkt-002	5
3	重点	辽宁红山文化村落陶器研究	张柱朋	辽宁省博物馆	2022jtyjkt-003	5
4	一般	疫情视域下公共文化服务空间复兴研究	陈伟力	集团服务保障部	2022jtyjkt-004	3
5	一般	辽宁红色文献资源开发实践与服务创新研究	邵军	辽宁省图书馆	2022jtyjkt-005	3
6	一般	元宇宙在智慧图书馆建设中的应用研究	李欣	辽宁省图书馆	2022jtyjkt-006	3
7	一般	辽宁省博物馆藏敦煌佛教文献研究	郭丹	辽宁省博物馆	2022jtyjkt-007	3
8	一般	基于普遍展示馆建设的新型公共文化空间的发展策略研究	罗惠琴	辽宁省文化遗产保护中心	2022jtyjkt-008	3
9	一般	乡村振兴视野下的文化馆（站）服务研究	李红梅	辽宁省文化馆	2022jtyjkt-009	3
10	一般	辽宁直播的短视频制作与线上传播路径研究	李丹青	辽宁省文化艺术研究院	2022jtyjkt-010	3
11	一般	夯实辽宁少年儿童阅读　引领多业态跨界融合——宁省戏曲融通进校园活动初探研究	苏雯堂	辽宁省文化宫	2022jtyjkt-011	3
12	一般	文艺创作伦理与新时代辽宁文艺工作者的道德建设问题研究	张立军	辽宁文学院	2022jtyjkt-012	3
13	青年	辽宁省博物馆藏缂丝包首研究	袁芳	辽宁省博物馆	2022jtyjkt-013	3
14	青年	数字化背景下非物质文化遗产的保护与利用研究	周楠	辽宁省文化遗产保护中心	2022jtyjkt-014	3
15	青年	融媒体时代辽宁文艺期刊转型发展研究	刘艳辉	辽宁文学院	2022jtyjkt-015	3

- 8 -

结项证书

项目类别：辽宁省社会科学基金 2019 年　一般　项目（批准号：L19BZS006）
项目名称：唐代石刻所见契丹史料整理与研究
负责人：么乃亮
主要参加者：

证书号：20220182

本项目经审核准予结项，特发此证。

辽宁省社会科学规划基金办公室
2022 年 3 月 15 日

五

综合管理

◎ 安全保卫

◎ 人事管理

◎ 财务管理

◎ 后勤保障

安全保卫

　　2022 年，安全保卫部在馆领导班子的坚强领导下，依据年初制定的安全保卫工作目标责任书，结合安保工作变化实际，全面完成了各项安全保卫工作任务，有效保障了全馆各项业务工作的安全有序开展和推进，全年未发生安全责任事故。

01

02

03

04

05

06

一、确保展览开放安全的同时做好观众服务工作

加强展馆开放期间的安全管理，着重加强参观观众的安全检查，共安检参观观众 326273 人，外宾 227 人，查出违禁品 1765 件，有效降低了安全隐患。在确保展出文物安全的同时为观众提供各类咨询引导服务。场馆安全管理员拾金不昧（手机、钱包等）69 起，全部归还失主，得到失主的高度赞扬。安全保卫部荣获沈阳市公安局"2022 年全市企事业单位安全保卫工作暨党的二十大安全保卫工作先进集体"荣誉，马飞同志荣获先进个人荣誉。

01 安保人员整理着装

02 安保人员每日召开早例会，布置工作任务

03 安检查验身份证

04 对入馆观众进行安全复检

05 荣获 2022 年全市企事业单位安全保卫工作暨党的二十大安全保卫工作先进集体荣誉

06 保卫干事马飞同志荣获先进个人荣誉

01

02

二、文物布 / 撤展和布展装修施工安全

　　按照展览计划，密切配合相关部门做好"逐梦冬奥——冬景绘画暨体育文物特展""字途——中华传统文化系列教育展""和合中国"等 11 个临时展览布 / 撤展工作，保证布 / 撤展工作安全、有序，确保布 / 撤展期间的展品及人员安全。

01 布展施工阶段组织专项安全检查

02 维修展厅照明过程中的安全监管

03 配置的应急抓捕器

04 配置的应急钢叉、盾牌等

05 组织反恐防暴演练

06 组织安保人员进行处突器械使用培训

三、配置防爆器械，开展实战演练，提升岗位人员处突能力，圆满完成"国庆、二十大"安全保障任务

"国庆""二十大"安全保障工作不容有失，安全保卫部申请配置了应急抓捕器、电棍、执法记录仪等器械和设备，并组织相关岗位人员进行培训和操作演练，有效提升了前沿岗位处理突发事故的能力，增强了应对暴力侵害的信心。另外，安全保卫部制定了"国庆""二十大"安全保障工作方案，将工作任务分解到人，明确责任和纪律，圆满完成了"国庆""二十大"安全保障工作任务。

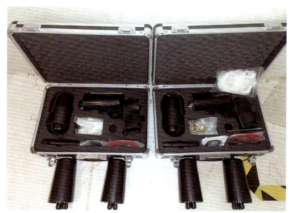

03

04

05

06

01

02

03

04

05

四、积极开展形式多样的安全演练

全年组织包括消防应急疏散、火灾早期扑救、防汛、防暴力破坏等各类演练71次，进一步提升了安保队伍应急防突的能力，为实现全年安全无事故奠定了坚实的技术保障。

五、安全宣传

积极开展 2022 年度安全生产月活动，利用 LED 多媒体显示屏、消防宣传专栏和可移动宣传板等宣传媒介在展览区、办公区等区域进行安全生产月主题宣传。此外，配合属地公安机关在观众流量较大的区域开展防诈宣传。

六、常态化开展安全检查

安全检查是开展好博物馆安全工作的必要环节，是安全隐患早发现、早处置、早消除的重要手段，2022 年安全检查常态化进一步得到落实，全年共组织各类安全检查 22 次，及时发现并整治了一些安全隐患，安全运行可靠性得到进一步加强。

01

02　03

04

07 馆领导组织展厅安全检查
06 对消防监控室进行专项安全检查
05 馆领导组织文物库区安全检查
04 配合属地公安机关开展防诈宣传
03 文物保护区入口设立安全生产月主题宣传板
02 观众入口设立安全生产月主题宣传板
01 展览区设立安全生产月主题宣传板

05

06　07

人事管理

一、队伍建设

1. 人员情况

2022 年，辽宁省博物馆安置退伍士兵 1 人，退休 2 人，调出 5 人，辞职 1 人；编外职工合同到期辞职 1 人。协助派遣职工 32 人续签劳务派遣合同。截至年底，共有在编人员 103 人，编外人员 59 人。

本年度，刘宁同志获得由人社部、国家文物局共同颁发的"全国文物系统先进工作者"称号。

2. 岗位聘任

按照省公共文化服务中心统筹安排，本年度共 4 人晋升上一级岗位。其中专业技术正高级岗位聘任 3 人，管理五级（2）岗位 1 人。

3. 职称评定

2022 年，共 8 人申报高级职称评审。其中取得副高级职称资格 1 人，进一步优化了本馆专业技术人才结构。

4. 公开招聘工作

参加由省人社厅组织的"2022 年度上半年集中面向社会公开招聘"，本馆分别招聘陈列展览岗位、藏品管理岗位、财务会计岗位工作人员共计 3 人，已完成报名资格初审工作。

5. 驻村管理工作

按照省委组织部《关于加强驻村第一书记和工作队管理的通知》（辽组通字〔2021〕47 号）相关要求，根据《辽宁省文化演艺集团（辽宁省公共文化服务中心）脱贫攻坚干部关心关爱办法》（辽文集团委发〔2020〕88 号）有关规定及省公共文化服务中心党委工作要求，持续做好驻村干部管理及服务工作，压实工作责任，抓实跟踪管理，支持干部扎根农村、安心工作，切实解决其后顾之忧，确保高质量完成乡村振兴工作任务。

6. 科研课题工作

2022 年，完成省社科基金项目及集团科研课题 6 项的结项工作。成功申报省公共文化服务中心课题 7 项（其中重点项目 1 项）。

二、制度管理

为提高科学管理水平，适应新时代博物馆发展要求，2022 年度，辽宁省博物馆健全和完善相关制度建设，制定人事管理、财务制度 3 项，有效提升了管理运行能力，为馆内各项工作有序推进奠定了制度基础。

01

02

三、人才培养

1. 馆内培训

2022年7月28日，本部门组织举办"博物馆发展定位与业务管理"专题培训讲座，主讲人龚良，南京博物院理事长，南京大学、南京艺术学院兼职教授，博士研究生导师，曾任江苏省文物局局长、江苏省文旅厅副厅长、南京博物院院长。本次培训面向全馆职工，共有128名职工参加培训。

2. 馆际交流

2022 年 8 月 24 日至 9 月 24 日，按照馆内人才培养计划，派文物保护部金冉、学术研究部郭丹、展览策划部温科学三名专业技术人员赴南京博物院交流学习、考察实践，全面学习纸质文物保护修复的相关理论、技能实践，博物馆展览策划与内容形式设计等内容。通过学习交流，培养锻炼了专业技术人才，提高了本馆的相关专业技能水平。

3. 参加馆外培训

2022 年，本馆派出 139 人次参加中国文物交流中心、中国博物馆协会等机构举办的培训，业务涉及博物馆综合业务、展览、讲解、文物鉴定、文物保护、文物安全等内容。通过培训，不仅增强了新形势下本馆业务人才的工作能力和信心，更夯实了专业理论基础，业务修养也得到了显著提高，为本馆事业发展奠定了人才基础。

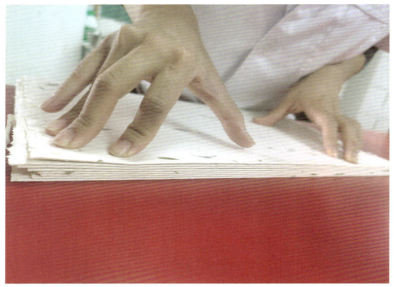

01、02 派员赴南京博物院交流学习、考察实践

序号	培训名称	举办单位	培训时间	参加人员
1	2022年全国博物馆讲解员高级讲习班	人民文博教育培训中心	2022.02.17—2022.02.22	康宁、盛宸霏、樊荣、冯阳、廉微、王娜
2	中国文化遗产公开课2022年全国博物馆讲解员培训班	中国文物报社	2022.02.21—2022.02.24	王婉婷、姜洋、马薇、张璐、佟美灵、辛宇萌、李思蓓、柳旭、刘晓晨
3	国际展览策划线上高级研修班	中国文物交流中心	2022.03.14—2022.03.19	张莹、姜晓怡、张馨予、王璐、谢迪昕、史立慧、孟丽娜、于飞、刘韫、徐戎戎
4	全国博物馆展览实践高级讲习班（第三期）	人民文博教育培训中心	2022.03.22—2022.03.28	李慧净、张书慧、尹钰、鄂思琪、张锋、申桂云、王际、徐戎戎、马卉、李琼璟、王忠华、都惜青、袁芳、张盈袖、郭丹、么乃亮
5	中国古代玉器鉴赏线上培训	中国文物报社	2022.03.28—2022.03.31	刘韫、李颖映、李沫、林思雨、王亚平、张美子、孙维、李琼璟、张锋、张盈袖、袁芳、周晓晶、马卉、王忠华、都惜青、黄晓雷、韩冰、耿雷、樊荣、康宁、孟丹
6	中国艺术的怡神之美	小有引力培训机构	2022.06.18—2022.07.25	刘韫、袁芳、王鑫、马卉、陈冬、么乃亮、张盈袖、王忠华
7	明清景德镇窑彩鉴赏培训班	中国文物报社	2022.06.27—2022.06.29	李颖映、李沫、林思雨、康宁、樊荣、盛宸霏、李琼璟
8	中国文化遗产公开课紫砂艺术鉴赏培训班	中国文物报社	2022.07.25—2022.07.28	李颖映、李沫、林思雨、孟丹
9	中国文化遗产公开课文博短视频制作及直播	中国文物报社	2022.08.22—2022.08.26	黄晓雷、唐雪飞、赵熠、李祎、马贲、韩冰、燕煦、耿雷、沙楚清
10	馆藏文物预防性保护与修复技术研习班	中国文物保护技术协会、深圳市华图测控系统有限公司	2022.08.24—2022.08.26	申桂云、张宝龙
11	2022年文物安全管理实践讲习班	人民文博教育培训中心	2022.08.26—2022.08.28	常守文、崔博、李慧净、尹钰、鄂思琪、张书慧
12	区域博物馆青年科研素养强化培训班	中国博物馆协会区域博物馆专业委员会、陕西省博物馆协会、陕西师范大学历史文化学院	2022.09.19—2022.09.23	张达夫
13	全国博物馆业务综合培训	人民文博教育培训中心	2022.10.26—2022.11.04	王筱雯、刘宁、王亚平、张美子、孙维、杨春媚、兰梅、冀鸿飞、何欣、谢宇恒、兰姝、石艳丽、席爽、张莹、康宁、王璐、孟丽娜、谢迪昕、于飞、史立慧、张馨予、姜晓怡、樊荣、李颖映、李沫、林思雨、刘韫、温科学、韩雪、杨勇、周颖、王鑫、郭松雪、陈冬、申桂云、李晓燕、孟丹、曾旭
14	中国博物馆协会展览理论与实践高级研修班	中国博物馆协会	2022.10.29—2022.11.09	刘韫

四、退休老干部工作

　　2022 年，辽博退休职工新增 2 人，去世 3 人，截至年底，共有退休职工 75 人。配合馆党委工作安排，馆党委书记、副馆长刘宁以"学习贯彻党的二十大精神"为主题，为离退休党支部上党课，组织离退休党员参加学习。因疫情原因，未对退休老党员、困难党员进行走访慰问，重阳节未组织退休老干部活动。

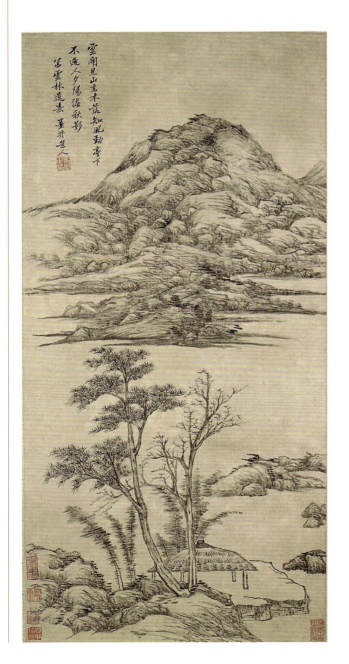

01 清 吴历 《夕阳秋影图》

財务管理

2022 年，财务资产部在馆领导班子的坚强领导下，依据年初制定的工作目标责任书，认真完成了各项财务工作任务，为全馆业务工作的开展提供了积极的财务支持。

一、认真完成省财政厅要求的各项工作

按照省财政厅的要求，完成了 2021 年度部门决算数据的对账、填报、报送等申报工作，完成了 2021 年及以前年度省直部门国库集中支付财政性结转结余资金认定表的分类、归纳、填写、申报工作，完成了重新下达调减收回 2020 年度国库集中支付财政性结转结余资金的申报工作。

二、积极做好日常财务工作

协助后勤保障部完成了 2021 年度国有资产管理系统相关财务数据的填写核算申报工作。按时完成各项财务票据的审核报销工作。

修改完善颁布了《辽宁省博物馆采购管理办法》等两项财务规章制度。完成了重点博物馆补助经费（500 万元）、省级博物馆纪念馆免费开放补助资金（3757 万元）、文物征集经费（800 万元）、省博物馆维修改造经费（729 万元）、中央补助地方博物馆纪念馆免费开放补助资金（1769 万元）等重点项目资金的申报、审批、招采、实施、验收、付款等各项具体工作。也按时完成了上级机关及馆领导交办的其他临时性财务工作。

三、按时完成各项财务申报工作

完成了 2021 年财政供给单位人员信息系统数据更新上报工作。完成了 2021 年度政府部门财务报告的编写申报工作。完成了 2021 年度政府内控报告的编写申报工作。按照上级统一要求，完成了 2022 年度全面预算的分解、申报、确认等相关工作。

02

03

后勤保障

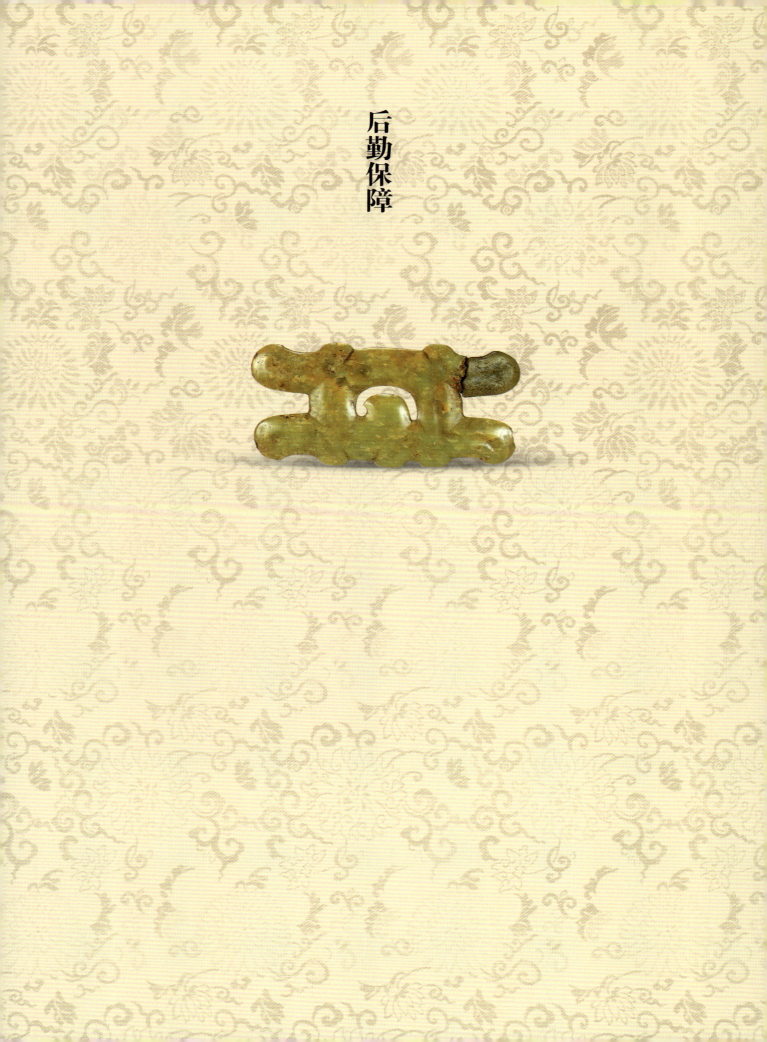

2022年，根据后勤保障部年度工作计划，我部门在全体同志的积极努力下，做好常态化疫情防控工作的同时，扎实推进各项服务保障工作，较好完成了部门年度工作任务。

一、疫情防控期间保障工作

积极响应上级领导号召，深入贯彻落实并执行疫情防控期间各项有关规定。为满足疫情防控需要，积极协调防疫物资采购并及时用于馆内疫情防控工作中。

扎实推进疫情防控工作的常态化，认真做好馆内各区域的消杀工作，按时做好员工防疫物资的发放工作。

根据疫情防控需求，每天检查、巡视中央空调系统消毒设备的工作状态，确保设备正常运转，及时添加消毒药剂，保证公共区域消毒无死角。完成厨房区域、地下库房走廊等易滋生病菌、虫鼠等区域的消杀工作。

06 电梯系统维保
05 中央空调系统维保
04 恒温恒湿系统维保
03 中央空调系统消毒
02 发放防疫物资
01 日常清洁消毒

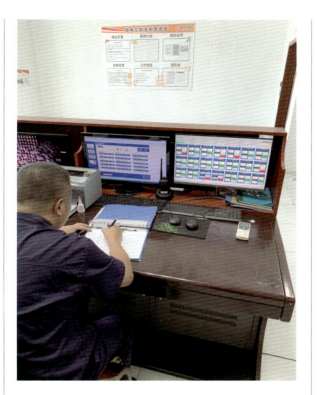

04

二、日常维护、运行工作

采购各部门所需的办公用品、耗材及固定资产，完成相应物品的申请、采购、进出库等管理工作。加强固定资产管理，建立健全规章制度，认真做好资产登记、入账、调拨、报废工作，做到账物相符，每月做好固定资产申报工作。

完成馆内各项设施设备维保工作，包括恒温恒湿系统、中央空调系统、弱电控制系统、制冷站系统、锅炉系统、展厅艺术照明系统、电梯系统的维保工作。

完成本馆各项常规维修维护工作，如玻璃幕墙清洗、维修维护、中央空调通风系统清洗、馆区周界外泛光照明系统恢复、恒温恒湿系统易损件更换、展区外环境养护维护、展区周界动力设备维护保养、基础设施维修

等工作。

完成馆区内各项服务保障工作，如食堂管理、餐厨设备及易损件维修更换、重点区域蚊虫消杀、馆区保洁管理等工作。完成年度变电所打压检测项目。做好公务用车管理、运行及保养工作，严格执行用车、派车制度，做到定点加油、定点维修。完成设施设备末端的冬季防寒保温工作，确保设施设备安全过冬。完成馆区临时性维修维护工作。完成引进展览布展装修中的用电、艺术照明、保洁配合等工作。

三、重点工程

完成地下文物库房恒温恒湿系统改造项目。计划 2023 年全年进行不同季节、不同负荷状态下的调试及试运行，保证改造工程满足地下文物库房文物保护需求。地下变电所增容项目已完工，计划 2023 年全年进行带负荷状态下的运行工作。

文物保护部工作室恒温恒湿系统改造项目，该项工程 2022 年底已完工总量的 90%，剩余 10% 计划来年 1 月底完成。2023 年计划全年进行不同季节、不同负荷状态下的调试及试运行，保证改造工程满足文物保护需求。完成展厅安全疏散指示灯具维修更换项目，指示效果更加明显。

完成 3# 制冷机组返厂维修项目。完成展厅公共区域扶梯制动异常维修、办公区直梯故障的临检，以及远程监控和停电后电梯自动返回平台等工作，确保乘梯人员人身安全。完成换热站冬季供暖前期的检查、维修等工作，同时完成换热器的清洗工作，保证冬季供暖需求。完成馆周界损坏的 12 根路灯杆维修和线路维修工作。为配合馆内精品展，完成 2 号临展厅的艺术照明灯具更换及增设加湿系统等工作。

01

02

03

05

一号厅
更换棚下指示

沈阳市
☁ 25℃
2022.08.21

04

06

06 完成展厅安全疏散指示灯具维修更换项目
05 完成文物保护部工作室恒温恒湿系统改造项目
04 完成变电所电力增容项目
03 完成地下文物库房恒温恒湿系统改造项目
02 玻璃幕墙维修维护
01 玻璃幕墙清洗

清 王时敏 南山积翠图

辽宁省博物馆2022年大事记

右图 掐丝珐琅薰炉
左图 掐丝珐琅花鸟纹高足炉

1月

1月5日，辽宁省博物馆组织接收由省公安厅、阜新市公安局移交的8件元代瓷器。

1月7日，"江山如画——辽宁省博物馆藏中国古代立轴山水画展"在三层20号展厅开展。

1月20日，辽宁省博物馆"多彩的图像——浮世绘艺术展""龙城春秋——三燕文化考古成果展"两组展览海报成功入选由中国文物交流中心指导，博物馆头条主办的"2021年中国博物馆美术馆海报设计年度推介活动"100强。

1月22日，辽宁省博物馆在馆内多功能厅召开了第十三次志愿者大会。辽宁省文化演艺集团（辽宁省公共文化服务中心）党委常委、副主任、辽宁省博物馆馆长王筱雯，辽宁省博物馆党委书记、副馆长刘宁，副馆长董宝厚，公共服务部副主任康宁，副主任张莹，以及全体志愿者参加了大会。

1月25日，"虎虎生威——壬寅虎年新春生肖文物展"在三层22号展厅开展。

1月29日，"逐梦冬奥——冬景绘画暨体育文物特展"在一层1号展厅开展。

1月31日，东北育才学校辽宁省博物馆志愿者社团荣获沈阳市青年志愿者协会主办的2021年度"沈阳青年志愿优秀组织奖"。

2月

2月21日，辽宁省博物馆志愿者历史文化宣讲团项目被评为2021年"春雨工程"全国示范性志愿服务项目。

3月

3月15日，辽宁省博物馆官网发布消息，按照沈阳市统一部署，博物馆临时闭馆，闭馆至5月30日。

4月

无。

5月

5月16日，辽宁省博物馆启动"5·18国际博物馆日"开幕式暨《姑苏繁华图》特种邮票首发式工作。

5月18日，辽宁省博物馆申报的"龙城春秋——三燕文化考古成果展"荣获第十九届（2021年度）全国博物馆十大陈列展览精品推介项目优胜奖。

5月31日，辽宁省博物馆恢复开放。"字途——中华传统文化系列教育展"在一层3号展厅开展。

6月

6月1日，辽宁省税务局党委书记、局长杨勇参观调研辽宁省博物馆，辽宁省文化演艺集团党委书记、主任甄杰，集团党委常委、副主任王筱雯一同接待。

6月11日，暨"文化和自然遗产日"，由辽宁省文化和旅游厅、辽宁省文化演艺集团（辽宁省公共文化服务中心）共同主办的"精艺传承夺天工——辽宁省非物质文化遗产雕刻技艺专题展"在辽宁省博物馆一层2号展厅开展。

6月16日，辽宁省政协原主席夏德仁参观调研辽宁省博物馆，辽宁省文化演艺集团党委书记、主任甄杰，集团党委常委、副主任，辽宁省博物馆馆长王筱雯一同接待。

6月30日，新华社沈阳分社有关领导及党员干部60人在辽宁省博物馆开展主题党日活动，辽宁省文化演艺集团党委书记、主任甄杰，集团党委常委、副主任王筱雯一同接待。

7月

7月4日，辽宁省委宣传部外宣和联络处处长隋鸿刚一行调研辽宁省博物馆，辽宁省文化演艺集团党委常委、副主任，辽宁省博物馆馆长王筱雯陪同调研。

7月11日，辽宁省文化演艺集团党委常委、副主任，辽宁省博物馆馆长王筱雯参加第二届全球博物馆馆长论坛线上会议并做主题发言。

7月19日，南京博物院原院长龚良在辽宁省博物馆做题为"博物馆的发展与定位"讲座。

7月22日，辽宁省博物馆党委书记、副馆长刘宁同志荣获"全国文物系统先进工作者"称号。

7月23日，中央依法治国办公室全国政协委员、原司法部党组成员、副部长赵大程一行5人到辽宁省博物馆参观。辽宁省司法厅厅长林志敏、辽宁省文化演艺集团党委书记、主任甄杰，集团党委常委、副主任、辽宁省博物馆馆长王筱雯陪同参观。

7月26日上午，辽宁省文联副主席武雪梅及第十三届中国舞蹈"荷花奖"古典舞评奖辽宁省选拔赛工作团队一行参观调研辽宁省博物馆，辽宁省文化演艺集团党委书记、主任甄杰，集团党委常委、副主任、辽宁省博物馆馆长王筱雯陪同参观。

7月31日，"华彩——辽宁省博物馆藏珐琅器专题展"在辽宁省博物馆一层5号展厅开展。展览共展出珐琅器78件／套，其中半数以上文物为首次公开展出。

8月

8月1日，全国人大社会建设委员会副主任王国生参观调研辽宁省博物馆，沈阳市委常委、秘书长李军，辽宁省文化演艺集团党委书记、主任甄杰，集团党委常委、副主任、辽宁省博物馆馆长王筱雯陪同参观。

8月2日，全国政协副主席，台盟中央主席苏辉参观调研辽宁省博物馆，辽宁省文化演艺集团党委书记、主任甄杰，集团党委

左图 冬青釉凸花螭耳番莲纹尊
右图 玉鳜鱼

常委、副主任、辽宁省博物馆馆长王筱雯陪同参观。

8月5日，内蒙古自治区人民政府副主席、党组成员其巴图参观调研辽宁省博物馆，辽宁省文化演艺集团党委常委、副主任、辽宁省博物馆馆长王筱雯陪同参观。

8月9日，科技部副部长张雨东一行参观调研辽宁省博物馆，辽宁省文化演艺集团党委书记、主任甄杰，集团党委常委、副主任、辽宁省博物馆馆长王筱雯陪同参观。

8月22日，"山高水长——唐宋八大家主题文物展"上榜新时代博物馆百大陈列展览精品名单。

8月19日，"馆藏金属类文物保护修复""馆藏辽代釉陶文物保护修复""喀左县博物馆清代丝织品保护修复"项目通过中期评审。

8月27日，"人·境——古代文人的园中雅趣"在辽宁省博物馆一层1号展厅开展。

8月30日，辽宁省博物馆官网发布消息，按照沈阳市统一部署，博物馆临时闭馆，闭馆至9月10日。

9月

9月1日，第九届"中国博物馆及相关产品与技术博览会"（"博博会"）在河南省郑州市召开，辽宁省博物馆董宝厚副馆长作为青年博物馆代表之一，参加"第二届国际博物馆青年论坛"并发言；同时辽宁省博物馆荣获"喜迎二十大 强国复兴有我——青少年中华文物我来讲"优秀博物馆志愿服务推介项目。

9月7日，辽宁省博物馆"字途——中华传统文化系列教育展"荣获2022年度"弘扬中华优秀传统文化、培育社会主义核心价值观"主题展览征集"推介项目"。

9月11日，辽宁省博物馆恢复开放。

9月16日，辽宁省博物馆入选首批省级文明旅游示范单位名单；由辽宁省博物馆起草的地方标准《博物馆志愿者服务与管理规范》正式获批立项，标志着本馆标准化建设工作在志愿者服

务与管理方面取得初步成效。

9 月 23 日，辽宁省博物馆党委收到沈阳市白塔街道星河湾社区党支部送来的锦旗和感谢信。

9 月 29 日，《人民日报·海外版》点赞辽宁省博物馆"人·境"展：感悟古人笔墨中的园林雅趣。

10月

10 月 8 日，年度大展"和合中国"展览在辽宁省博物馆三层 20、21、22 号展厅隆重开展，作为辽博史上规模最大的特展，旨在通过古意盎然、彬蔚称盛的文物之美，解读"和合"文化所蕴含的宇宙观、天下观、社会观、道德观，展现中国传统文化中的"和合"精神、文明价值，展示中华民族的独特精神标识，赓续深入骨髓的文化基因，在"和合"文化传承与涵养中增强文化自信。展览是贯彻落实习近平总书记关于文物和文化遗产保护传承工作重要论述的具体举措，展现了有国宝、有历史、有文化的辽宁形象。

10 月 11 日上午，辽宁省文旅厅厅长张克宇一行参观辽宁省博物馆"和合中国"展览，辽宁省公共文化服务中心党委书记、主任甄杰，中心党委常委、副主任、辽宁省博物馆馆长王筱雯陪同参观。

10 月 14 日，辽宁省博物馆官网发布消息，按照沈阳市统一部署，博物馆临时闭馆，闭馆至 10 月 20 日。

10 月 21 日，辽宁省博物馆恢复开放。

10 月 25 日，"乐·土——辽宁古生物化石精品展"在辽宁省博物馆一层 3 号展厅开展。

11月

11 月 3 日，中国工业互联网研究院院长鲁春丛、辽宁省通信管理局局长付旋、辽宁省工信厅副厅长申世英一行参观调研辽宁省博物馆，辽宁省公共文化服务中心党委书记、主任甄杰，中心党委常委、副主任、辽宁省博物馆馆长王筱雯陪同参观。

11 月 7 日，以"激发新动能、打造新生态——加快推动工业软件创新发展"为主题的 2022 全球工业互联网大会工业软件座谈会在辽宁省博物馆成功召开。

11 月 14 日，辽宁省委常委、宣传部部长刘慧晏，副部长杨利景一行参观调研辽宁省博物馆，辽宁省公共文化服务中心党委书记、主任甄杰，中心党委常委、副主任、辽宁省博物馆馆长王筱雯陪同参观。

11 月 15 日，辽宁省博物馆围绕全国消防日主题，组织馆内职工开展了专题培训和联合消防演练。

11 月 17 日，中组部考察组一行参观调研辽宁省博物馆，辽宁省公共文化服务中心党委书记、主任甄杰，中心党委常委、副主任、辽宁省博物馆馆长王筱雯陪同参观。

11 月 18 日，辽宁省博物馆"和合中国"展览名列中博热搜榜（第 29 期）"博物馆十大热搜展览推介"第二名。

11 月 20 日，在央视大型文化节目"诗画中国"的舞台上，沈阳歌舞团的舞蹈演员们化身为辽宁省博物馆藏《簪花仕女图》卷中娉婷袅娜的仕女，伴着乐曲婆娑起舞。她们以曼妙的舞姿演绎出每位仕女独具特色的姿态与风韵，带领观众跨越时空，感受大唐余韵。

11 月 24 日，辽宁省博物馆官网发布消息，按照沈阳市统一部署，博物馆临时闭馆，闭馆至 12 月 6 日。

12月

12 月 1 日，辽宁省博物馆"汉字之旅"主题教育项目入选 2022 年度全国文博社教百强案例。

12 月 5 日，辽宁省博物馆入选 2021—2025 年度第一批全国科普教育基地；举办"志愿精神在辽博绽放"宣传活动迎接"国际志愿者日"。

12 月 7 日，辽宁省博物馆恢复开放。

12 月 8 日，"青花清韵——元青花瓷器展"在辽宁省博物馆一层 4 号展厅开展。